跟大家读中国史

明史简述

吴晗 著

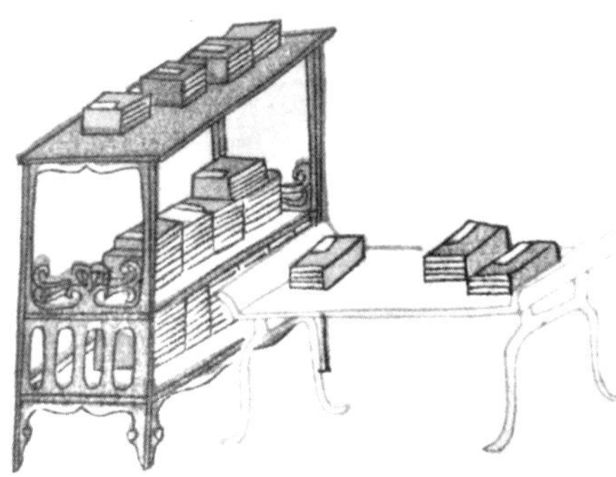

文津出版社

图书在版编目（CIP）数据

明史简述／吴晗著. — 北京：文津出版社，
2017.7
（跟大家读中国史）
ISBN 978-7-80554-634-6

Ⅰ. ①明… Ⅱ. ①吴… Ⅲ. ①中国历史—明代 Ⅳ.
①K248

中国版本图书馆 CIP 数据核字（2017）第 085727 号

·跟大家读中国史·
明史简述
MINGSHI JIANSHU
吴 晗 著
*
文 津 出 版 社 出 版
（北京北三环中路 6 号）
邮政编码：100120
网 址：www.bph.com.cn
北京出版集团公司总发行
新 华 书 店 经 销
北京华联印刷有限公司印刷
*
880 毫米×1230 毫米 32 开本 8.25 印张 157 千字
2017 年 7 月第 1 版 2017 年 7 月第 1 次印刷
ISBN 978-7-80554-634-6
定价：36.00 元
质量监督电话：010-58572393

目 录

上　明史简述

明朝历史的基本情况

明太祖的建国

首先，我们应该弄清国家的含义。近几年来的学术讨论中，有人往往把我们这个时代关于国家的含义等同于历史上的国家的含义。这是错误的、不科学的。我们今天所说的国家，包括政府、土地、人民、主权各个方面。由于政权性质的不同，国家可以分为好几类，有人民民主国家、资本主义国家、民族主义国家等等。历史上国家的含义就跟这不一样。简单地说：历史上的国家只能是某一个家族的政权，不能把它等同于今天我们所说的国家。曹操的儿子曹丕临死前写了一篇遗嘱，说：自古无不亡之国。这里所说的“国”是什么呢？就是指某个家族的政权，是指刘家的、赵家的、李家的或者朱家的政权。这些政权经常更替，一个灭亡了，另一个起来。所以，曹丕说自古无不亡之国。但是一个政权灭亡了，当时的国家是不是也灭亡了呢？没有。譬如汉朝刘家的政权被推翻了，曹操的儿子做了皇帝，还是有三国，我们的历史并没有中断。曹家的政权被推翻了，司马氏做了皇帝，国家也没有灭亡。所以，历史上的所谓亡国，就是指某一个家族的政权被推翻，国家还是存在的，人民还是存在的。因此，我们所说的明太祖建国，也是指他建立的朱家的政权。这个国跟我们今天的中华人民共和国有本质的不同，它只代表一个家族、一个集团的利益，而不代表整个民族的共同的利益。把这个含义弄清楚，我们才可以讲下面的问题，就是朱元璋的政权依靠的是什么。

1. 土地关系问题

要讲土地关系问题，不能不概括地讲讲当时的基本情况。

在14世纪中叶，大致是从1348年到1368年的二十年中间，发生了大规模的农民起义、农民战争。规模之大，几乎遍及全国，从东北到西南，从西北到中南，到处都有农民战争发生。不单是有汉族农民参加，各地的少数民族也参加了，如东北的女真族（就是后来的建州族）、西南的回族都参加了斗争的行列。时间之久前后达二十年。战争激烈的情况，在整个历史上都是少有的。

在二十年的战争中，反对元朝的军事力量大致可以分为两个体系：一支是红军。因为参加起义的人都在头上包一块红布作为标志，在当时政府的文书上称为“红军”，也有个别的叫作“红巾军”。这是反对元朝的主要力量。现在有些历史学家不大愿用“红军”这个名称，大都称为“红巾军”。大概有这样一个顾虑：怕把历史上的红军同我们党建立的红军等同起来。在我的记忆里有这样一件事：大约二十年前，国民党政府的一个什么馆，要我写明史。书写好之后交给他们看，他们什么意见也提不出来，最后说：你这上面写的“红军”改不改？要改就出版，不改就不出版。我说：不出版拉倒！（这本书现在没有出版）他们怕红军，不但怕今天的红军，也怕历史上元朝的红军，因此他们要我改掉。我不改，因为根据历史记载，这支起义军本来就是红军，不是白军。这不说明什么政治内容，而只是说他们头上包了一块红布而已。红军又分成两部分：一部分在东边活动；一部分在西边活动。具体说，东边是指今天的安徽、河南、河北一带，西边是指江汉流域（长江、汉水流域）。江汉地区的红军很多，包括“北锁红军”和“南锁红军”。反对元朝的另一支军事力量是非红军系统：在浙江有方国珍，在元末的反元斗争中，他起兵最早；在江苏有张士诚；在福建有陈友定。当时为什么能爆发这样大规模的农民起义呢？我想在讲元朝历史的时候已提到了。这里就不再重复。

下面讲讲红军提出了些什么问题。

红军当中的一些领导者，他们在反元斗争展开之后发布了一个宣言（当时叫檄文），里面有这么两句话："贫极江南，富夸塞北。"（文件的全文已看不到了，只留下这么两句）这说明什么呢？说明红军反对元朝的统治，要推翻元朝的统治。这是一个有各族人民参加的阶级斗争。当时元朝的政治中心，一个在大都（北京），一个在上都。元朝政府经常派出很多官吏和军队到南方去搜刮物资，把这些物资运到北方去供少数人享受。元朝的皇帝在刚上台时，为了取得军事首领、部族酋长的支持，对他们大加赏赐，按照不同的地位给他们金、银，绸缎一类的物资。遇到政治上有困难时，为了获得支持以巩固自己的统治，也采取这种办法。每次赏赐的数目都很大，往往要用掉一年或者半年的收入，国家财政收支的一半甚至全部都给了他们。这些物资是从哪里来的呢？是从全国人民身上搜刮来的。几十年光景，造成了"贫极江南，富夸塞北"的局面。这样的统治使老百姓活不下去了，他们就起来斗争，改变这个局面，所以提出了这样鲜明的口号。

红军初期的主要领导人韩山童，是传布白莲教起家的（他家里世世代代都是传布白莲教的）。由于通过宣传白莲教，通过宗教迷信活动可以组织一部分力量，于是他就提出“明王出世”“弥勒佛降生”的口号。明王是明教的神，也叫“明尊”或“明使”。明王出世的意思是光明必然到来，光明一到，黑暗就给消灭了；最后人类必然走上光明极乐的世界。弥勒佛是佛教里的著名人物。传说在释迦牟尼灭度（死）后，世界就变坏了，种种坏事全部出现，人的生活苦到不能再苦。幸得释迦牟尼在灭度前留下一句话，说再过若干年，会有弥勒佛出世。这佛爷一出世，世界立刻又变得好起来：自然界变好了；人心也变慈善了，抢着做好事，太太平平过日子；种的五谷，用不着拔草翻土，自己会长大，而且下一次种有七次的收成。这种宗教宣传，对当时受尽苦难的农民发生了深刻的影响，他们希望有人来解救他们。所以，在广大农民中间，白莲教就用“明王出世”“弥勒佛降生”这样的口号作为号召来组织斗争力量。

这种宗教宣传对农民能够发生作用，可是对知识分子就不能够发生作用了，特别是一些念四书、五经的儒生不相信这一套。因此，对他们必须有另外一种口号。红军的领袖们就利用一些知识分子对元朝统治的不满，对宋朝怀念的心情，提出了“复宋”的口号。他们假托自己是赵家的子孙。韩山童是河北人，起兵之后被元朝政府杀害，他的儿子韩林儿跑掉了。以后刘福通就利用元朝政府治理黄河的机会组织反元斗争。当时黄河泛滥成灾，元朝政府用很大力量调了很多民夫、军队来做黄河改道的工作。民夫和军队都集中在一起，刘福通就乘机组织民工发动反元斗争。军事行动开始之后，他们就假托韩林儿是宋徽宗的第九代子孙，刘福通是南宋大将刘光世的后代。他们以恢复宋朝的口号来团结一部分知识分子。所以红军有两套口号：一方面宣传“明王出世”“弥勒佛降生”来团结和组织农民；另一方面以恢复宋朝政权相号召，团结社会上有威信的知识分子。而中心则是阶级斗争，推翻剥削阶级。

刘福通起兵之后，声势很大，得到了各个地方的响应。在江苏萧县有芝麻李起兵响应；安徽凤阳有郭子兴起兵响应，一下子就发展到几十万军队。他们从山里把韩林儿找出来，让他做了皇帝，建立了统治机构。同时分路出兵攻打元朝：一支由华北打到内蒙，以后东占辽阳，转入高丽；另一支打到西北；还有一支打到四川。

以上讲的是东部红军的情况。

西部红军的主要领导人叫彭莹玉，他是一个和尚，原来在江西袁州组织过一次武装起义，失败以后，就跑到淮水、汉水流域，秘密传教，组织力量。后来他找到徐寿辉，组织武装力量，进行反元斗争。徐寿辉被他的部下陈友谅杀掉以后，西部红军的主要领导人就是陈友谅。此外，徐寿辉的另一个部将明玉珍跑到四川，在那里也建立了政权。

从二十年的长期战争中，我们可以看出这样几种基本情况：

第一，不管是东边韩林儿这一支，或者是西边陈友谅这一支，他们遇到的最坚强的敌人不是元朝的军队。这时元朝军队已经失去了建国初期那种勇敢、骠悍的特征，军官也罢，士兵也罢，都腐化了，不能打仗了，在与红军作战时，往往是一触即溃。既然元朝军队不能打仗，为什么战争还能延续二十年呢？原因就在于坚决抵抗红军的是一些地主阶级的武装力量。这些武装力量，元朝政府把它称为“义军”。这些力量很强大，最强的有察罕帖木儿、扩廓帖木儿父子所领导的一支；此外，李思齐、张思道、张良弼、张良臣等也都很有实力。至于小的地主武装就举不胜举了。这些地主武装为什么这样坚决地反对农民起义呢？因为红军坚决反对阶级压迫。应该说当时的农民革命领袖并没有消灭地主阶级的思想，若要把现代人的意识强加于古人，那是错误的。那个时代的人不可能有消灭地主阶级的思想，但是，他们恨地主阶级，因为他们世代受地主阶级的剥削、压迫，现在他们自己有了武装力量，就要对这些地主阶级进行报复。在这种情况下，各地的地主阶级都组织力量来抵抗红军。其中最强的是察罕帖木儿和李思齐这两支力量。所以，红军在几路出兵的千里转战中，所遇到的主要敌人不是元朝的正规军，而是这些地主阶级的武装。在红军遭到这些地主武装的顽强阻击而受到损失之后，元朝政府就承认这些地主武装，封给察罕帖木儿、李思齐、张思道、张良弼、张良臣及其部队以官位和名号。

一方面是红军，他们要改变“贫极江南，富夸塞北”的局面；另一方面，顽强抵抗红军的主要是地主阶级的武装力量，其中主要的数量最多的是汉人地主的武装力量。这就是从1348年到1368年二十年战争中的第一个基本情况。

第二，在二十年的斗争中，尽管起义的面很广，战争区域很大，军事力量发展得很快，但是始终没有形成统一的指挥。不管是刘福通这个系统，还是徐寿辉这个系统，都是各自为政，互不配合。尽管在战争的过程中，东边的胜利可以支持西边，西边的胜利可以支持东边，可是战略上没有统一的部署，缺乏统一的领导。不只是东边这一支和西边这一支二者之间出现这种情况，就是在刘福通领导下的军事力量也是这样。军队从几路分兵出发，不能采取通盘的步骤，而是你打你的，我打我的。尽管他们也有根据地（刘福通建都开封，陈友谅建都武汉），但是在当时交通不便的情况下，前方和后方的联系很差，这支军队和那支军队之间的情况互不了解。尽管他们的军事力量都很强大，一打起仗来往往是几百里、几千里的远征，所到的地方都能把敌人打败，所消灭的敌人也很多，可是并不能把所占领的地方安定下来，没能建立起各个地方的政权。因此红军走了之后，原来的蒙古和汉人地主的联合政权又恢复了。最后，这几支军队都由于得不到后方的接济，得不到友军的配合而逐个被消灭了。他们虽然失败了，但在历史记载上很少发现有投降元朝的，绝大多数都是战斗到最后。相反，不属于红军系统的那些反元力量，像浙江东部的方国珍（佃户出身），以苏州为中心的张士诚（贩私盐的江湖好汉出身），他们也是反抗元朝的，也都有自己的政权，建号称王，可是在顶不住元朝的军事压迫的时候，就投降元朝，接受元朝的指挥。过一个时期看到元朝军事力量不行了，又起来反对元朝。方国珍也罢，张士诚也罢，都这样经常反复。他们虽然反对元朝，但并没有像红军那样提出政治的、宗教的阶级斗争口号。在二十年战争中，最后取得胜利的不是这些人，而是在韩林儿的旗帜下成长起来的朱元璋。

朱元璋出身于红军。他家里很穷苦，没有土地。从他祖父起，就经常搬家，替地主干活。最后，他父亲在安徽凤阳（当时的濠州）的一个小村子里落了户。朱元璋小的时候给人家放牛羊，以后因为遇到荒年，瘟疫流行，他的父母、哥哥都死了，他自己没有办法生活，便在庙里当了和尚。庙里是依靠地租过活的（过去寺院里都有大量的土地），遇到荒年，寺院里也收不到租，当和尚也还是没有饭吃。朱元璋只好出去化缘、要饭。他在淮水流域要了三年饭。这三年要饭的生活与朱元璋一生的事业有很大的关系。因为我们上面讲到的彭莹玉就是在这一带通过宗教宣传，组织反元斗争的。这样，朱元璋就不能不受到他的影响。同时，这三年的流浪生活也使朱元璋熟悉了这一带的地理、山川形势和风俗民情。三年后，朱元璋重新回到庙里。这时，濠州的郭子兴已经起兵，成为红军的将领之一。因为朱元璋和红军有来往，元朝政府就很注意他。他的处境很危险。但这时朱元璋还很彷徨，两条道路摆在面前：是革命呢？还是反革命呢？经过一番考虑，最后还是投奔了红军，在郭子兴的部下当了一名亲兵。朱元璋自己后来写文章回忆，说他当时参加这个斗争并不很坚决，而是顾虑很多的。参加了郭子兴的部队以后，他很勇敢，也能够出主意，能够团结一些人。后来成了郭子兴的亲信，郭子兴就把自己的养女马氏许配给他，这样他就成了郭子兴的女婿。军队里称他为朱公子。朱元璋在反元斗争中用计谋袭击了一些地主武装，把这些地主武装拉了过来。同时，他又回到自己的家乡去吸收了一批人，当时有二十四个人跟他参加了红军，以后都成了有名的将领，开国名将徐达就是其中之一。郭子兴死了之后，朱元璋代替了郭子兴，成为韩林儿旗帜下的一支军事力量的将领。这时，他的力量还并不强大。那么，他为什么能够赢得战争的胜利，取得全国的政权呢？有这么几个因素：

第一个因素是正当朱元璋开始组织军事力量时，刘福通部下的红军正在跟元朝的军队作战，元朝军队顾不上来打朱元璋。朱元璋占领区的北面都是红军，这样，就把他的军队和元朝的军队隔开了。所以，当红军和元朝军队作战时，朱元璋可以趁此机会壮大自己的武装力量，占领许多城市。

第二个因素是他取得了地主阶级知识分子的支持。他起兵之后不久，就有一些知识分子投奔他，像李善长、冯国用、刘基、宋濂、章溢、叶琛等。这些人都是浙江、安徽地区的地主阶级知识分子，在地方上有些威望，而且都有武装力量。这些知识分子替朱元璋出主意，劝他搞生产、搞屯田。在安徽时，朱升劝他“高筑墙、广积粮、缓称王”。这就是要他先把根据地搞好，在后方解决粮食问题，一开始不要把目标搞得太大。李善长、刘基劝他不要乱杀人，不要危害老百姓，要加强军队纪律，要巩固占领的城市；并经常把历史上成功的经验和失败的教训告诉他。朱元璋本人也很用功地学习历史，他在进行军事斗争或政治安排时，总是要征求这些人的意见，研究历史上的经验教训。

这里有一个问题，朱元璋出身于红军，他反对地主，而地主阶级为什么要支持他呢？这不是一个很大的矛盾吗？要了解这个问题，必须从当时的具体历史情况来看。朱元璋本人要打击地主，因为他受过地主阶级的压迫。可是在进行军事斗争的过程中，他感到光像过去那样打击地主、消灭地主，不仅很难取得地主阶级的支持，而且会遭到地主阶级的顽强抵抗。所以，在他还没有成为一个军事统帅的时候，他就改变了红军的传统，开始和地主阶级合作，取得他们的支持。这是问题的一方面。另一方面，地主阶级怎么愿意支持他呢？前面不是说过，红军在北上的战争中所遇到的最大阻力不是元朝军队，而是地主阶级的武装吗？原因很简单，就是安徽、浙江地区的地主阶级，他们看到元朝政府已经不能维持下去了，他们不能再依赖元朝政府的保护，而他们自己的武装力量又无论如何也抗拒不了朱元璋的进攻；更重要的是他们了解到朱元璋欢迎他们，采取跟他们合作的方针。他们与其坚决反抗朱元璋而被朱元璋消灭，还不如依靠朱元璋，得到朱元璋的保护，以维护自己的阶级利益。所以，当朱元璋派人去请刘基的时候，刘基开始拒绝，可是经过一番考虑之后，最后终于接受了。

朱元璋的军队加入了这样一批力量之后，它的性质逐渐改变了。所以在他以后去打张士诚时所发布的一个宣言中，不但不再承认他自己是红军，反而骂红军，攻击红军，把红军所讲的一些道理称为妖言。尽管这时他在形式上还是接受韩林儿的命令，用韩林儿的年号，他的官爵也是韩林儿封的，但实质上他已经叛变红军。到了1368年，他已把陈友谅、张士诚消灭，派大将徐达进攻北京，这时又发布了一个宣言。在这个宣言中像红军所提出的“贫极江南，富夸塞北”的口号都没有了。主要提些什么问题呢？夷夏问题。就是说少数民族不能当中国的统治者，只能以夏治夷，不能以夷治夏。他要建立和恢复汉族的统治。在这样的情况下，战争的性质改变了，不再是红军原来的阶级斗争的性质，而是一个汉族与蒙古族的民族战争。

1368年，朱元璋的军队很顺利地打下了北京。元顺帝跑到蒙古，历史上称为北元。元顺帝虽然放弃了北京而回到蒙古，可是他的军事力量并没有受到太大的损失，还仍然保持着比较强大的军事力量和完整的政治机构。他并不认为自己统治的王朝已经结束了，他经常派兵来打北京，要收复失地。所以在明朝初年，明朝和北元还有几次很激烈的战争。到了洪武八年，北元的统帅扩廓帖木儿死了，蒙古对明朝的威胁才减轻了一些，但仍然没有结束。这时北元和高丽还保持着密切的关系，高丽的国王还照样是北元的女婿（每一个高丽国王都要娶蒙古贵族女子作妻子），在政治上仍然依附于北元。这种关系一直维持到洪武二十五年。这一年，高丽内部发生斗争，大将李成桂为了取王朝而代之，他依靠明朝的支持，在国内发动政变，推翻了旧的王朝，建立了一个新的朝代。从此，高丽臣服于明朝。同时，李成桂在求得明太祖的同意之后，把国名高丽改为朝鲜。此后一直叫朝鲜，不再称高丽了。朝鲜国内的政治变革，反映了明朝和北元的斗争关系和势力的消长。

总结上面所说的历史情况，得到这样的结论：经过二十年长期的战争，一方面是红军（包括东、西两部分）和非红军（像方国珍、张士诚）；另一方面是元朝军队，更重要的是各个地方的汉人地主武装力量。在战争过程中这些汉人地主武装大部分被消灭了。也由于二十年的长期战争，各地人口大大减少，土地大量地荒废。因此，1368年明太祖建国之后，他就不能不采取一些措施，改变这种情况。一个以农业为主要生产手段的国家，农业生产得不到保证，它就不能维持下去。因此，在明朝初年采取了一系列的办法：

第一，大量地移民。例如移江浙的农民十四万户到安徽凤阳，迁山西的一部分人口到河南、河北、安徽去。移民的数量是很大的，一移就是几万家，甚至十几万家。迁移的民户到了新的地方之后，政府分配给他们土地。这些土地是从哪里来的呢？就是一些在战争中被消灭的大地主的土地和无主荒地。此外，政府还给耕牛、种子、农具，并宣布新开垦的荒地几年内不收租，鼓励他们的生产积极性。

第二，解放匠户。元朝有所谓匠户制度。成吉思汗定下了这样一种办法：每打下一个城市之后，一般的壮丁都杀掉，但是有技术的工人，无论是铜匠、铁匠或其他行业的工匠都保留下来。把每个大城市的技术工人都集合在一起为官府生产，这些人就称为匠户。这些匠户几乎没有人身自由，世世代代为官府服役。明太祖把他们部分地解放了，给他们一些自由，鼓励他们生产。匠户数目很大，有几十万人。

第三，凡是战争期间，农民的子弟被强迫去当奴隶的，一律解放，给予自由。这样，增加了农业生产的劳动力。

第四，广泛地鼓励农业生产。明太祖采取了很多措施：规定以各地农业收成的好坏作为考核地方官工作成绩的重要标准之一，地方官每年要向中央报告当地人口增加多少，农作物的产量增加多少；大力鼓励农民种植桑树和棉花，规定每一户的土地必须种多少棉花、多少桑树和果树。而且用法令规定：只要能够种棉花的地方就必须种棉花，能够种桑树、果树的地方就必须种桑树、果树。这样，农民的副业收入增加了。关于朱元璋鼓励种棉花的措施值得特别提一下。在朱元璋以前，更具体地说，在1368年以前，我们的祖先穿的是什么衣服呢？有钱的人夏天穿绸、穿缎，冬天穿皮的（北方）或者穿丝棉。老百姓穿的是什么呢？穿的是麻布。有一本看相的书，就叫《麻衣相法》。当时棉花很少，中国自南北朝的时候就有棉花进口，但数量少。到宋朝时棉布还是很珍贵。可是到了明太祖的时候，由于大力提倡种植棉花，以及当时由于种种原因，纺纱、织布的技术提高了，因而棉布大量增加。这样，我们祖先穿的衣服就改变了，过去平民以穿麻衣为主，现在一般人都能穿上棉布衣服，并且形成了几个产棉区和松江等出产棉布的中心。也是在这个时期，棉花种子从中国传入了朝鲜，结果在不太长的时间内，朝鲜人也穿上了棉布衣服。

在农业生产发展、农业经济恢复的基础上，朱元璋采取了支持商业的方针。在南京和其他一些地方，都专门为商人盖了房子，当时叫作“塌房”，以便他们进行商业活动。

所以，经过从1348年到1368年的二十年的长期战争，由于战争延续的时间长，涉及的区域广，战争的情况又极为残酷，使得社会上人口死亡很多，荒芜了很多土地。但是，经过洪武时期二十多年的努力以后，社会生产逐渐恢复并发展了，经济繁荣了。

那么，最后，问题归结到什么地方呢？朱元璋的政权依靠谁呢？

上面说过，元朝的大地主在战争中基本上被消灭了，在这种情况下，土地关系发生了重大的变化：第一种情况，过去土地比较集中，一个大地主占有很多土地，拥有很多庄园。现在这些大地主被消灭了，他们的土地被分配给了无地、少地的农民，或者是新来的移民。这样，一家一户几亩地，土地分散了，这是基本的情况。土地分散的后果是什么呢？在政治上是阶级矛盾的缓和。原来那些人口密度很高的地区（江苏、浙江一带），现在一部分地主被消灭了，一部分人口迁徙出去，留下来的农民有了部分土地，有了一些生产资料，这样，阶级关系就比过去缓和了。第二种情况与这相反，就是那些没有被消灭的地主，像李善长、冯国用、刘基、宋濂这些人，他们原来的土地不但保留下来了，而且有了发展。他们大都成为明朝的开国功臣，做了大官。第三种情况是出现了新的地主阶级。像朱元璋回家招兵时，跟他出来的二十四个人后来都成了他的大将、开国功臣，朱元璋给他们封公、封侯。这些人在政治上有了地位，经济地位也跟着提高了。明朝初年分配土地的结果，他们都成了新的地主阶级。

情况这么复杂，那么，整个说来，农民的土地问题解决了没有呢？没有解决。封建剥削还是存在，农民还是要向地主交租，还是受地主阶级的压迫，在某些地方甚至还有所加强。明太祖是红军出身，是反对地主阶级的，现在他自己成了全国最大的地主。因此，就发生了前面所提到的那种情况：明太祖建国之后，农民的反抗斗争就随之开始，一直到明朝灭亡。什么原因呢？因为阶级关系没有改变，土地问题没有解决。但是由于元末大地主阶级的土地分散的结果，使得在一定的历史时期内，某些地区的阶级斗争有所缓和。在这个基础上才有可能出现以后的郑和下“西洋”的事情。

上面所说的，牵涉到最近史学界讨论的一个问题，就是农民起义能不能建立农民政权的问题。这个问题有不少争论，涉及所谓皇权主义问题。中国的农民有没有皇权主义？有的人说有，有的人说没有。我们现在从朱元璋这个具体的人，以及从当时的具体历史事实来研究这个问题。我想，可以得出这样的结论：历史上任何农民战争最后必须要建立一种政权。政权有大有小，有的农民起义领袖自称为将军，因为他只知道将军是最大的；有的自称为“三老”；有的称王；有的称皇帝。他们能不能采取别的称号呢？能不能不利用这些当时实际存在的、为大家所熟悉的名称，而采取跟当时历史实际没有关系的名称呢？或者说农民有没有这种可能，就是他们在建立政权时，不采取他们所反对的政权形式，而另外创立一种跟原来的政权完全不同的政权形式呢？没有！他们只能称将军，称三老，称王，称帝，不可能称几百年、几千年之后的苏维埃共和国，不可能称总统或者主席。

因此，在谈到农民革命能不能建立政权的问题时，结论只能是：（1）它必然要建立政权。没有政权怎么办事？大大小小总要有一个机构；（2）它组织的政权跟当时现行的政权不可能完全相反，它只能运用它所熟悉的东西，而不能采取它所不知道的东西；（3）这个政权不可能是为农民服务的政权。因为它为了使自己能够长期存在下去，所能采取的办法只可能是封建国家压迫农民的办法，而不可能有其他办法。如果它要真正成为农民自己的政权，它就必须解决这样的问题：推翻地主阶级的统治，实行土地革命。但是这样的思想认识，在长期的封建社会里是不可能有的，任何国家的封建社会都没有发生过。它只能对个别地主进行报复，你这个地主欺侮过我，杀了我的人，我现在也把你杀掉，把你的房子烧掉，把你的东西抢来。这些都是可能做到的，但是要把整个地主作为一个阶级推翻，这在当时是不可能的。要知道，“反封建”这种口号的提出，还是近代的事情。而且就是在今天世界各国，除了我们已经完成了这个任务之外，还有很多地区没有解决这个问题。印度也算是一个共和国，但是它不反封建，印度的地主阶级照样存在。我们不能以19世纪、20世纪才出现的思想去要求封建社会的农民。而且从理论上来说，农民政权要建立起来，而且要巩固下去，它的收入从何而来？它的财政开支从何而来？那时没有现代化的大工业，国家财政开支只能取之于农民。除此之外，别无出路。所以，它只能采取封建国家对农民压迫的形式，而不可能有别的形式。因此，历史上所有的农民革命没有例外地在它取得政权之后，必然变质，他们从反对地主阶级开始，结果是自己又变成了地主阶级，新的地主阶级代替旧的地主阶级。这就是历史上农民革命不断起来的根本原因。

在土地比较分散的基础上，尤其是在这样一个空前的大国的情况下，朱元璋建立了一个高度中央集权的政权。关于政治机构问题，当时要完全改变明朝以前的政治机构，既不容许这样做，也没有必要这样做。元朝的中央政权机构有中书省（相当于我们现在的国务院），中书省的长官有左丞相、右丞相、平章、参知政事等。中书省下面有管具体事情的各部。为了统治全国，元朝政府把中书省分出一部分到地方上，代表中央管理地方工作，叫行中书省，简称行省。行省的职权很大，民政、财政、军事一切都管。掌管监察的机关叫御史台，地方上有行御史台，简称行台。在这样的情况下，发生了权力分散的问题。所以后来元朝政府对地方的统治愈来愈弱。明朝初年（洪武元年到洪武十三年）继承了元朝的这个制度，中央还设有中书省，地方上设立行中书省。这就是上面所说的，农民革命不能创造出新的东西来，它只能模仿和继承已有的东西。

这种局面给朱元璋提出了一个问题，就是如何巩固和加强自己的统治问题。明初政权逐渐产生了很多矛盾，第一，明朝的政权是地主阶级的政权，但明初地主阶级分为旧地主和新兴地主两派。朱元璋起兵于淮河流域，而刘基等则是参加了红军的江浙地主。两个地主集团之间存在着矛盾。当时有一首诗说："城中高髻半淮人。"衣服穿得漂亮的、有钱的，多是两淮流域的人。两淮流域新兴的地主阶级、官僚贵族，绝大多数不但拥有广大的庄园，而且还有大量的奴隶、家丁。有些将军还有假子。假子是朱元璋兴起的办法。他在起兵时把一些青年收作自己的儿子，像沐英、李文忠都是他的干儿子，也是他手下最有名的将领。他往往在派一个将军出去作战时，同时派一个假子去监视。在这种作风的影响下，他下面的许多将军也有很多假子，他们拥有武装力量，有土地，有很多奴隶。这样，就形成许许多多小的军事力量。他们往往不遵守政府的规定，违法乱纪。明太祖要把这些劳动力放在国家的控制下，他们却要放在自己的庄园里。这是第二个矛盾，两淮流域新兴的地主集团和国家，即和朱元璋的统治之间的矛盾。这两个矛盾从1379年到1381年逐步展开。两淮流域地主集团的代表人物胡惟庸在这个斗争中被杀了。除了上面所说的两个矛盾之外，还有第三，胡惟庸个人和朱元璋之间的矛盾，这是君权和相权之间的矛盾。皇帝应该管什么事，宰相应该管什么事，历史上没有明文规定过。在设置中书省的情况下，许多事情都由中书省掌握，中书省认为这件事情有必要请示皇帝就请示，认为没有必要请示的，就自己办了。胡惟庸这个人有野心，也很有才能，他在中书省多年，排斥了一些人，也提拔了一些人，造成他在中书省的强固地位。有许多事情他自己办了，明太祖根本不知道，之后明太祖发现了就很生气。这样，矛盾就发生了，而且日益尖锐。洪武十三年，这三个方面的矛盾终于全面爆发。按照明朝的规定，军队指挥权掌握在皇帝手中。这样，明太祖在这个斗争中取得了胜利，他假借一个罪名把胡惟庸杀了，还牵连杀了不少人。

胡惟庸被杀以后，明太祖根本改变了元朝以来的中书省、行中书省制度，取消了中书省。而且立了个法令，规定以后子子孙孙都不设宰相这个官。谁来办事呢？把原来中书省下面的六个部（吏、户、礼、兵、刑、工）的地位提高，来管理全国的事情，直接对他负责。结果他自己代替了过去的宰相，相权和君权合而为一，大大加强了中央集权。在地方上则取消了行中书省，把原来行中书省的职权分开，即民政、司法、军事分别由三个机构管理：布政使司（主管官叫布政使）管民政、财政，按察使司（主管官叫按察使）管司法，都指挥使司（主管官叫都指挥使）管军事。这三司都直接对皇帝负责。这种把一切权力都揽在皇帝个人手中的高度集权的状况，是在明朝以前没有过的。所以，封建专制主义经过一千几百年的发展，到了朱元璋的时候，形成了一个历史上从来没有过的高度中央集权制的政治系统。这样的政治制度跟当时的土地形态基本上是相适应的。过去土地很集中，皇帝权力的支柱是大地主。现在土地分散了，朱元璋依靠谁呢？依靠粮长。他收粮时，不是采取各地方官收粮的办法，而是采取粮长制。即某一个地方，谁的土地最多、纳粮最多，谁就当粮长。每年收粮万石的地区就派纳粮最多的地主四人当粮长，由粮长负责这个地区租粮的收运。政治制度的这种改变，适应了土地比较分散的情况，也保证了朱元璋的经济收入。因此，他对粮长很重视，每年都把这些人召到南京去，亲自接见，和他们谈话。发现了其中某些有能力的人，就提拔他们。他的政权依靠什么呢？就依靠这些人。他的统治基础就在这里。所以，明朝初年相当长的一个时期内一些官职的任用是来自粮长。粮长之外，各地还有很多富户和耆民，朱元璋也经常把他们找来，发现有才能的，就任用他们为官。所以，他的政权是以中小地主作为支柱的。政治机构的这种发展变化，是和当时的土地形态、经济关系相适应的。

可是，在这样高度集权的情况下又发生了另一个新问题：皇帝到底是一个人，不是机器，什么事都要自己管，什么报告都得看，国家这么大，事情这么多，他怎么管得了呢？他只有每天看公文，变成文牍主义者。我曾给他做过统计，从洪武十七年（1384）九月十四日到二十一日，八天内他收的文件有一千六百六十六件，计三千三百九十一件事情。他平均每天要看两百份文件，处理四百多件事情。这怎么可能长久搞下去呢？非变成官僚主义者不可。因此就发生了这样的矛盾：一方面他非看文件不可，怕别人欺骗他；另一方面，愈看愈烦，特别是那些空泛的万言书，更使他恼火。有一次，一个官员上了一份万言书，他看了好几千字，还没有看出什么问题，生了气，就把这个官员找来打了一顿屁股。打完之后又叫人继续念这个报告，念到最后五百字才提出一些问题，提出几条建议，而且还不错，这才知道打错了人。第二天，他向那个官员承认错误，他说：不过你的文章不该写这么长，最多写五百字就够了，为什么要写一万字呢？所以他就发起了一个反对文牍主义的运动，提出了一个写文章的格式，要求简单，讲什么事就写什么事，不要东扯西拉，从上古说到今天，没完没了。他希望通过这个办法使自己能够处理实际事务。结果还是不行。他一个人怎么能管那么多的事？以后他又另外想了个办法，找了一些有文才，能办事的五品、六品官到内阁来做机要秘书，帮他做事。为了勉励这些人，就给他们一个称号，叫作大学士。上面加上宫殿名称，如武英殿、文渊阁、东阁、文华殿等等。这时，内阁还只是宫殿的名称，不是政治机构的名称。因为这些人是在内廷里办事，所以就叫殿阁大学士。后来，明成祖的时候，把这个办法制度化了，国家大事都集中在内阁办。内阁大学士在这里办事愈久，政治权力就愈大，官位就愈高，有的做到六部的尚书。这样，内阁大学士虽然没有过去丞相的名称，但事实上等于宰相。入阁也就是拜相。内阁大学士中的第一名称为首辅，就是第一个辅助皇帝的人。这时，内阁便正式成为政治机构了。

这个改变，在历史上是个很大的改变。皇帝的权力高度集中，提高了六部的地位，以后又设立内阁。明朝一直继承着这个制度。清朝也实行这个制度。所以，在政治制度上清朝是继承了明朝的。

随着经济的发展变化，土地占有形态也发生了变化。明朝前期土地比较分散，经过几十年之后，土地又慢慢集中了。到了明朝中叶，土地集中的情况已经很严重。到了万历时，土地集中到这样的程度，在张居正的信件里有一份材料，说江南一个大地主拥有土地七万顷。明朝建国时的土地不过是八百五十万顷，现在这一家的土地就等于建国时全国土地的百分之一。从明武宗（就是《游龙戏凤》中的那个正德皇帝）之后，皇帝大搞皇庄，左占一块地，右占一块地。北京附近的皇庄就有很多。不但是皇帝搞庄园，就是贵族也搞庄园。嘉靖的时候，封皇子到各地去做亲王，有一个亲王就有两万顷土地。万历封福王到河南洛阳，准备给他四万顷土地。这些土地是从哪里来的呢？都是从老百姓手里夺来的。把原来的自耕农变成了亲王的佃户，土地集中愈来愈严重，农民的生活愈来愈困难。凡是有皇庄的地方，不但皇庄内部的佃农要受管理皇庄的太监的统治，甚至周围的老百姓也要受皇庄管事人员的压迫和各种超经济剥削。你要过桥就要交过桥税，要摆渡就要交摆渡税。京戏《打渔杀家》中有一个肖恩抗鱼税。明末有一个大地主钱谦益，做大官，文章写得很好，却是一个没有骨头的人，后来投降了清朝。他占有几个湖，要湖边的老百姓向他交税，老百姓气极了，就把他的房子烧了，他的一个收藏了很多古书的“绛云楼”也被烧掉。所以《打渔杀家》这样的事在历史上是有根据的。

由于土地形态的变化，一方面使原来的政治机构不能适应，造成明朝政治上停滞的状态。明朝后期有这么两个皇帝，一个是嘉靖皇帝（明世宗），一个是万历皇帝（明神宗），这两代有共同点：明世宗做了很多年皇帝，但是他经常在宫廷里，不跟大臣们见面，万历皇帝也是如此。闹得有一个时期，六部很多长官辞了职，没人管事，他也不管，使朝廷很多问题不能解决。另一方面，由于土地高度集中，也促使农民起义以更大的规模开展起来，最后形成以李自成、张献忠为首的全国规模的大起义。

2. 明太祖为什么建都南京

明太祖之所以建都南京，主要是因为江苏、浙江、安徽这些地方比过去繁荣，是经济发达的地区，是粮食和棉花的产区。他建立了中央政权以后，有很多官员和军队，这些人吃什么呢？这就不能不依靠东南地区的粮食来养活。建都别的地方行不行？不行。以往的朝代建都洛阳、开封、西安，但这些地方交通不方便，粮食也供应不了。为了经济上的原因，他决定建都南京。可是这样发生了另外一个问题：军事上的问题怎么解决？元顺帝虽然跑掉了，但是他的军事实力并没有受到严重损失，他还保存着相当多的军队，并且时时刻刻在想办法反攻。因此，加强北边的防御，防止蒙古的反攻是非常必要的。不这样做，他的政权就不能巩固。但是建都在南京，对于在北方进行防御战争就比较困难了。当然，北边有一道万里长城，可是长城也要有人守才能发挥作用。因此，必须在北方驻重兵防守。可是把军队交给谁呢？交给将军行不行？不行，他不放心。如果他把十多万军队交给某个将军，一旦这个将军叛变，他就没有办法了。因此，他采取了分封政策，把自己的儿子封到沿边地区。第四个儿子燕王朱棣封在北京，其余的，宁王封在热河，晋王封在山西，秦王封在陕西，辽王封在辽东，代王封在大同，肃王封在甘肃。这些都叫作塞王。每一个王府都配有军队。亲王除了指挥自己的军队之外，在接到皇帝的命令以后，还可以指挥当地的军队。在有军事行动时，地方军队都要接受当地亲王的指挥。这样，就把每一个边防地区的军队都直接控制在中央的指挥之下了。

明太祖一方面建都南京，这样来解决粮食问题、服装问题；另一方面派自己的儿子到沿边地区去镇守，防止蒙古族南下；而且每年派亲信将领到北京来练兵，视察各个地方的军事情况，指挥军队，过一两年回去，然后又派人来，这样来巩固北方的边防。他自己认为这个办法是比较稳妥的，但是在他死后，情况发生了变化。他的大儿子早死了，孙子建文帝继位。当时他的第四个儿子燕王在北京，军事力量很强大，结果就发生了皇室内部的斗争。建文帝依靠的是一些知识分子，这些人认为亲王的军权太大，中央指挥不动，可能发生叛变，像汉朝时候的“七国之乱”一样。因此，他们劝建文帝削藩，削减亲王的权力，把违法乱纪的亲王关起来或者杀掉。这样就引起了各个藩王的恐慌，最后燕王起兵打到南京。南京政权内部发生了变化，有的将军和亲王投降了燕王，建文帝自杀。建文帝被推翻以后，燕王在南京做了皇帝，就是明成祖。可是北方的军事指挥权交给谁呢？为了解决这个问题，明成祖决定把都城迁到北京。

我们讲了明太祖建国的问题。围绕这个问题，对当前正在争论的一些问题提出了一些看法。现在就农民战争、农民起义到底能不能建立自己的政权的问题进一步提供一点意见。

农民战争、农民起义到底能不能建立政权呢？答复是肯定的。既然农民战争是要推翻旧的政权，它必然要建立一个新的政权。这个政权有大有小，有地区性，名称可以是多种多样的。但是，这个政权是不是农民自己的政权呢？是不是跟封建地主阶级的政权相对立的政权呢？从所有历史上的农民战争来看，不能得出这样的结论。农民战争在建立政权以前，它是要摧毁、冲击或者削弱旧的地主阶级的政权的；但是，等到它自己建立了政权之后，它不可能不根据旧的地主阶级政权的样子来办事，它不可能离开当时为人们所熟悉的、行之多年的一套政治机构。要知道，摧毁旧的国家机器这样的理论在《共产党宣言》里还没有提到，是在巴黎公社之后才总结出来的。无产阶级革命必须打碎旧的国家机器，建立新的国家机器，是只有在有了科学的共产主义理论，有了巴黎公社的经验之后才能得出的结论。既然是这样，中国历史上的农民战争怎么可能先知先觉，在还没有巴黎公社的经验的情况下，就能摧毁旧的国家政权，建立起农民自己的政权呢？这是不可能的。因此，在农民战争取得胜利之后，它所建立的政权必然变质。这也是一个历史规律，无论对谁都是一样的。汉高祖刘邦还不是变质了，朱元璋还不是变质了！明朝末年，李自成打到北京做了皇帝，他还不是变质了！李自成在进入北京以前，能取得广大农民支持的原因之一，就是过去明朝政府收租很多，人民负担很重，他现在不收租了，叫作“迎闯王，不纳粮”，以不纳粮为号召。可是能不能持久呢？老百姓都不交粮了，他的军队吃什么？他的政权的经济基础、财政基础放到哪里？他难道能够喝空气过日子？不行，维持不下去。因此，他进北京后没有待多久就失败了。即使当时清军不入关，他的政权也不能延续多长时间，也不能巩固。因为他没有生产作基础，没有经济基础。农民种地不纳粮了，对农民来说很好；可是那时候没有大工业，一旦农民不纳粮，不但他的军队没有吃的，连政府的经费也没有来源了。这样，政权是不能维持下去的。它要维持下去，也非采取明朝的办法不可，就是向农民收租。

上面讲的是第一个问题。

第二个问题，中国历史上的农民战争有没有皇权主义。有不少人说俄国的农民有皇权主义，中国的农民没有，好像中国的农民是另外一种农民。中国的农民没有皇权主义，那么他们有什么主义呢？任何一次农民战争，它要建立一个政权不可能不根据现存的政权来办事，它不能离开现实。农民起义的领袖们只能够把当时为他们所熟悉、所理解的政权形式作为自己的政权形式。可是有些人硬要把中国的农民战争区别于其他国家的农民战争。当然，这个国家和那个国家的农民战争是有很多不同之处的。但是，从皇权主义这一点来说，不能不是相同的。理由是它们都不能够离开现实政治。当时的农民除了他们所熟悉的政权形式之外，不可能创造出当时还不可能有的政权形式来。不只是农民战争如此，连旧时代的一些神话、传说也是如此。大家都熟悉的《西游记》，孙悟空大闹天宫，天上的组织形式，玉皇大帝的那一套机构还不是反映了人间的机构。龙宫中龙王老爷的机构同样不能离开当时的现实，都是当时社会现实的反映。

第三个问题，对明太祖这个历史人物的评价问题。明太祖这个人到底是好人还是坏人？是应该肯定还是应该否定？当然应该肯定。因为他做了好事，他结束了长达二十年的战争混乱局面，统一了中国。统一这件事，在历史上是了不起的事情。而明太祖的统一中国，在历史上还有另外一种性质和意义。当时以北京和大同为中心，包括河北、山西及内蒙一部分的这个地区，从唐末以来叫“燕云十六州”。从唐玄宗天宝末年，具体地说，从公元755年起，这个地区发生了“安史之乱”。以后虽然用很大的力量把这个战争结束了，但这个地区还是分裂了，少数民族化了。五代十国的时候，这个地区被一个卖国的奴才皇帝石敬瑭割让给了辽。从此，北京就成为辽的南京。在辽和北宋对立的时期，北宋从宋太祖起一直到宋神宗，曾经多少次想收复这个地方，几次出动军队，结果都失败了，没有能够统一。北宋末年，金灭掉辽，并继而推翻北宋政权，这样，便出现了金和南宋对峙的局面。后来元朝统一了。这时，不但是燕云十六州少数民族化，而且是整个国家都在蒙古族的统治之下。明太祖通过二十年的大规模的农民战争，把历史上长期没有解决的问题解决了，即把从公元755年起，一直到1368年长期在少数民族统治或者影响之下的北方广大地区统一了。过去多少世代没有能够完成的任务，到明太祖完成了，这是一个很大的历史功绩。所以，从那个时候起，北京一直是中国的政治中心。在这样的基础上，我们中华人民共和国才有条件建都北京。

其次，朱元璋统一中国之后，采取了许多鼓励生产的措施。因而，三十多年以后，人口慢慢增加了，开垦的土地面积也慢慢扩大了。到他晚年的时候，全国已开垦的土地有八百多万顷，合八亿多亩。今天我们的耕地是多少呢？大概是十六亿亩，也就是说，明太祖时期的耕地相当于我们现在的一半。人口增加了，耕地扩大了，生产发展了，人民生活也比过去好了，这应该说是他做了好事，在历史上起了进步作用。

还有一点，他建立了一个高度的封建中央集权的国家。这样一种政治制度，明清两代基本上没有什么改变。

因此，我们可以得出这样一个结论：明太祖在历史上是一个有地位的、了不起的人物，是应该肯定的。

反过来说，这个人是不是一切都好呢？不是的，他有很多缺点，做了不少坏事。不要说别的，我们就举这样一条：他定了一些制度，写成一本书叫《皇明祖训》。定制度是可以的，可是有一点，他不许他的后代改变。这个做法就有了问题，时代变了，情况不同了，可是老办法不许改变，用老办法适应新形势。这样，就影响到以后几百年的发展，把后代的手脚都捆住了。蒋介石有一句话，叫作“以不变应万变”。明太祖就是这样，以不变应万变。这是一种唯心主义的办法，很不合理。以后在政治上、经济上往往不能不改变，可是又不敢改变。原因何在？就是被这个东西捆住了。他定了这样的制度：把他的儿子封为亲王，封在那个地方以后，国家给这个亲王多少亩土地，每年给多少石粮食。这个制度定下来以后，过了一百多年，中央政府就不能负担了。像河南省征收来的粮食，全部给明太祖封在河南的子孙都不够，成为当时最大的一个负担。到了明朝末年，朱元璋的子孙有十几万人，这些人一不能做官，二不能种地，三不能搞手工业，四不许做生意，只能坐在家里吃饭，而且要吃好饭。这样，国家就养不起了。当然，他在其他方面的缺点还很多，我们今天不能做全面的评论。

现在我们讲第一部分的第二个问题。

明成祖迁都北京

上一次讲了明太祖定都南京。到了第三代明成祖（十三陵长陵埋的那个皇帝）时，把朝廷搬到北京来了。这件事情在历史上有什么意义？他当时为什么非迁都不可？

前面讲到，明太祖的军队打到北京以后，元顺帝跑掉了，元朝失去了在长城以内地区的统治权。尽管如此，元顺帝的军事力量、政治机构都还存在。因此，他经常派遣军队往南打，要收复失地。他认为这个地方是他的，他们已经统治了八九十年。而当时明朝的都城是在南京。为了抵抗蒙古的进攻，明太祖只好把他的许多儿子封在长城一线作塞王。可是现在情况变了，明成祖自己跑到南京去了；此外，原来封在热河的亲王叫宁王，宁王部下有大量蒙古骑兵。明成祖南下争夺帝位之前，先到热河，见到宁王就绑票，把宁王部下的蒙古骑兵都带过来了。他利用这些蒙古骑兵作为自己的军事主力，向南进攻取得了胜利。从此之后，他就不放宁王回热河，而把他封到江西去。这样一来，在长城以北原来可以抵抗蒙古军进攻的力量便没有了。原来他自己在北京，现在自己到了南京，因而就削弱了明太祖时代防御蒙古军进攻的力量，防御线有了缺口，顶不住了。因此，他不能不自己跑到北京来指挥军队，部署防御战。因为他自己经常在北京，当然政府里的许多官员也都跟来北京，北京慢慢变成了政治中心。于是他开始修建北京，扩建北京城，大体上是根据元朝的都城来改建的。元朝时北京南边的城墙在哪里呢？在现在的东西长安街。明朝就更往南了，东西长安街以南这个地区是明朝发展起来的。德胜门外五里的土城是元朝的北城，明朝往南缩了五里。明成祖营建北京是有个通盘安排的，他吸取了过去多少朝代的经验。所以街道很整齐，几条干线、支线把整个市区划成许多四四方方的小块。有比较完整的下水道系统，有许多中心建筑。从明成祖到北京以后，前后三十多年，重新把北京建成了。和这个时期的世界各国比较，北京是当时世界各国首都中建筑比较合理、有规划的、最先进的城市，没有哪一个国家的首都比得上它。有人问：北京还有外城，外城是什么时候建筑的？外城的修建比较晚，是在公元1550年蒙古军包围北京的紧急情况下，为了保卫首都才修建的。但是因为这个工程太大，只修好了南边这一部分，其他部分就没有修了。至于现在的故宫、天坛那些主要建筑，也都是在那个时代打下的基础。应该说明，现在的故宫并不是原来的故宫，认为明成祖修的宫殿一直原封未动地保留到现在是错误的。故宫曾经经过多次的扩建和改修。过去三大殿经常起火，烧掉了再修。起火原因很简单，就是太监放火。宫廷里有许多黑暗的事情，太监偷东西，偷到不可开交的时候，事情包不住了，就放火一烧了事。烧掉了再修，反正是老百姓出钱。明清两代宫廷里经常闹火灾就是这个道理。故宫的整个建筑面积有十七万平方米左右，光修故宫就用了二十年的时间。我们人民大会堂的建筑面积是十七万四千多平方米，比整个故宫的有效面积还大。明朝修了二十年，我们只修了不到一年的时间，这个比较是很有意思的。由于从明成祖一直到明英宗连续地营建北京，政治中心就由南京转到北京来了，北京成为国都了。

以北京作为一个政治、军事的中心，就近指挥长城一线的军事防御，抵抗蒙古族的军事进攻，保证国家的统一，从这一点来说，明成祖迁都北京是正确的。如果他不采取这个措施的话，历史情况将会怎样，就很难说了。

即使明成祖迁都北京，并集中了大量的军队在这里，但在明朝历史上还是发生了两次严重的军事危机。一次是在公元1449年，一次是在1550年，中间只相隔一百零一年。

第一次危机叫“土木之役”。土木是什么意思呢？在今天官厅水库旁边的怀来县，有一个地方叫土木堡。当时蒙古有一个部族叫瓦剌，它的领袖叫也先。也先带兵来打明朝，他的军事力量很强大，从两方面进攻，一方进攻辽东，一方攻打山西大同。那时明朝的皇帝英宗是个年轻人，完全没有军事知识，他相信太监王振，王振也是完全没有军事知识的。王振劝他自己带兵去抵抗，他就糊里糊涂带了五十万大军往当时正被瓦剌部队包围的大同跑。还没有到那里，大同的镇守太监郭敬就派人来向皇帝报告，说那里情况很严重，不能去。于是就班师回朝。王振是河北蔚县人。他想要英宗带着五十万大军到他家乡去玩玩，显显自己的威风。刚出发，他又一想，五十万大军所过之处，庄稼不就全踩完了！对自己的利益有损害，又不愿去了。这样来回一折腾，走到土木堡这个地方，敌人就追上来了。当时正确的办法应该是进入怀来城内坚守。下面的将军也要求进城。王振不干，命令部队就地扎营。但是这个地方附近没有水源，不宜于坚守。结果五十万大军一下子被敌人全部包围了，造成了必败的形势。在这个高地上待了两天，五十万人没吃没喝。到第三天他让部队改变营地，部队一改变营地，敌人就趁机冲锋，结果全军覆没，皇帝被俘虏了，王振也死于乱军之中，造成了很严重的军事危机。这是历史上最不光彩、最丢人的一次战争。

这时候北京怎么办呢？没有皇帝，五十万大军全部被消灭了，北京只剩下一些老弱残兵。情况很紧张。许多官员纷纷准备逃难，家在南方的主张迁都南京，认为北京反正守不住了。在这种情况下，比较有见解的兵部侍郎（相当于现在的国防部副部长）于谦，反对迁都，他认为北京能够守住。如果迁都到南京去的话，北方没有一个政治中心，那么整个黄河以北的地区便都完了。他坚决主张抵抗，反对逃跑，他的主张得到了人民的支持，也得到了明英宗的兄弟郕王（不久即帝位，就是明景帝）的支持。于是就由于谦负责，组织北京的保卫战。于谦组织了军事力量，安排了防御工作，跟人民一起保卫北京；并且在政治上提出了一套办法，他告诉所有的军事将领说：我们现在已经有了皇帝，要坚守地方。这样，加强了全城军民保卫北京的决心。果然，也先把俘虏去的明英宗带到城外诱降，说：你们的皇帝回来了，赶快开门。他以为这样可以不战而取得北京城，但是守城的官兵们依照于谦的指示，坚决地回答说：我们有了新的皇帝了。各地方都是坚决抵抗，没有一个受骗的，结果英宗在也先手里成了废物，不能起欺骗作用了。由于依靠了人民群众，北京的保卫战取得了胜利。这时，各地的援军也不断前来，也先见占不到便宜，便只好退兵。这样，北京保卫住了，整个黄河以北的地区保卫住了。

明英宗在也先手里起不了作用，有人就替也先出主意：明朝的皇帝留在这里没有用，还要养他，不如把他送回去，在明朝中央政权内制造弟兄俩之间的矛盾。这样，也先就把明英宗送了回来。明英宗回来后不能再做皇帝，被关起来了。八年之后，明景帝生了病，政府里有一派反对明景帝和于谦的人，还有一些不得志的军人、政客，他们把景帝害死，把英宗放出来重新做了皇帝。英宗出来之后，就把于谦杀害了。

明景帝和于谦对于保卫北京立下了很大的功劳，对人民是有功的。景帝是个好皇帝，他的坟墓不在十三陵。七八年以前，我和郑振铎同志一起在颐和园后面把他的坟墓找到了，并重新修理了一下，作为一个公园。因为他是值得我们纪念的。

从以上说的情况可以看出，如果不是建都在北京，那么1449年也先军队的进攻是很难抵抗的。

过了一百零一年，即1550年，蒙古的另外一个军事领袖俺答又率兵包围了北京，情况也非常严重。也是因为北京是首都，是政治和军事中心，经过艰苦的斗争，俺答也像也先一样，由于占不到便宜而退回去了。

北京在明朝历史上经受住了这样两次考验。由此可以说明明成祖迁都北京是必要的和正确的，无论从军事上和政治上来说，他都做对了。

但是，仅仅只把政治、军事中心建立在北京还是不够的。当时东边从辽东起，西边到嘉峪关止，敌人从任何地方都可以进来。当然，从山海关往西有一道万里长城。可是城墙是死的，没有人守还是不能起作用。所以，必须要在适当的军事要点布置强大的军事力量。因此，明朝政府在北方沿边一线设立了所谓“九边”。“九边”是逐步发展起来的，开始只建立了四个镇，即辽东、宣府、大同、延绥。跟着又增加了三个镇，宁夏、甘肃、蓟州。以后又加上太原、固原二镇。这九个军事要塞，在明朝合称“九边”，是专门对付蒙古族的。每一个军事中心都有很多军队，譬如明朝后期，光在蓟州这个地方就有十多万军队。

九边有大量的军队，北京也有大量的军队。这些军队吃什么呢？光依靠河北、山东、山西这几个地区的粮食是不够供应的，必须要从南边运粮食来。要运粮食，就要有一条运输线。当时没有公路、铁路，只能通过运河水运，把东南地区的粮食集中在南京，通过运河北上。一年要运三四百万石粮食来北京养活这些人。所以运河在当时是一条经济命脉。这种运输方法，当时叫作漕运。为了保护这条运输线的安全，明朝政府专门建立一个机构，派了十几万军队保护运河沿线。明朝是如此，清朝也是如此。

把军事、政治中心放在北京，北方的问题解决了。可是发生了另外一个问题：南方发生了事情怎么办？于是就把南京改为陪都。陪都也和首都一样，除了没有皇帝之外，其他各种组织机构，北京有一套，南京也有一套。北京有六部，南京也有六部。因为南京没有皇帝，便派一个皇帝亲信的人做守备。当时的大学叫国子监，国子监也有两个：一个叫“北监”，一个叫“南监”。北监在北京，就在孔庙的旁边。北监、南监都刻了很多书，叫北监本和南监本。当然，陪都和首都也有区别，首都的六部（吏、户、礼、兵、刑、工，六部的部长叫尚书，副部长叫侍郎）有实权，而陪都的六部没有实权。所有的事情都集中在首都办。南京的这些官清闲得很，没有什么事情可做。这些人大都是些政治上不得志的人，在北京站不住脚，有的年纪大了，做不了什么事，就要他到南京去做一个闲官，有饭吃，有地位，可是没有什么事情可做。我们研究这个时代的历史要了解这一点。那么，他在南方搞一套机构的目的是什么呢？第一，以南京为中心来保护运河交通线；第二，以南京为中心，加强对南方人民的统治。南方各个地区发生了人民的反抗斗争，就可以就近处理、镇压。

明成祖迁都北京，这不但是抵抗蒙古族南下的一个最重要的措施，同时也为北京附近地区生产的发展、文化水平的提高、都市的繁荣创造了有利的条件。有了这个基础，清朝入关后才能继续建都北京，我们在全国解放之后，才有条件继续建都北京，这是一个历史发展的过程。我们国家建都北京，是经过了慎重、周密的考虑的。当时在讨论这个问题时，也有人提出不同的意见，他们认为北京是一个学术中心，首都最好建在别的地方，不要建在北京。北京一建都，就成为政治中心了。

这些人认为政治是很不干净的东西，所以反对建都北京。甚至在我们建都北京之后，还有不同的论调。一些人认为旧北京城不能适应我们今天的政治要求，因此应该在复兴门外建一个新北京，把旧北京甩开。他们举了很多条理由。但是我们有一条：北京在1949年有一百几十万人口，你要把国家的中央机关放在复兴门外，孤孤单单地和人民脱离了，这在政治上是错误的。过去十几年以来，不断有这样的争论。现在事实证明：第一，今天建都北京是正确的；第二，在北京的旧基础上来扩建新北京也是正确的。中央机关——无产阶级的最高政权机关脱离人民行不行呢？当然不行，那是原则性的错误。当然还有其他方面的争论，今天不能多讲了。这是从明成祖迁都北京，顺便讲到我们今天的北京。

北“虏”南倭问题

这里谈谈另外一个问题，就是如何对待明朝和蒙古的关系问题。明朝和蒙古的关系始终是敌对的。从1368年之后，一直到明朝灭亡，几百年间始终是敌对的关系。我们今天来研究过去的历史，应该实事求是地处理这个问题。在历史上是敌对的关系，你就不能说那个时候我们已经贯彻了民族政策，汉族和兄弟民族都是友好相处的，这是一方面。另一方面，今天我们国家是各民族团结的大家庭，实行民族团结的政策，各民族互相尊重，友好相处。在这样的情况下，我们怎么来看待历史上的民族关系？譬如明朝和蒙古的关系，北宋和契丹的关系，清朝满族和汉族的关系，等等。对这些问题，有不少人感到难以处理。其实很简单，从今天学习历史的角度来说，从几千年各个民族发展的历史来说，我们应该把我们国家历史上的民族关系当作内部矛盾来处理。无论是蒙古或者契丹，无论是西夏或者女真，都是这样。经过几年的研究，我们得出这样的看法：就是凡是今天在我们中华人民共和国的疆域之内的各民族，不论是哪一个民族，历史上的关系，都是我们自己内部的问题，不能当作敌我矛盾来处理，不能把它们当作外国。要是当作外国，那问题就严重了。我们不能继承解放以前那些历史书、教科书和某些论文中的带有民族偏见的错误观点。总之，我们今天的看法可以分为两个方面：一方面必须实事求是，历史是怎么样就怎么样写。明朝和蒙古是打了几百年的仗，这个历史事实不能改，在当时是敌对关系，这一点不能隐讳，也不能歪曲。另一方面，凡是我国疆域以内的各民族，不管它在历史上是什么关系，今天我们看都是内部问题，内部矛盾。两个兄弟吵架，不能作为侵略和被侵略来处理。今天，蒙古族是我们五十几个兄弟民族里面的一个，我们今天来讲这段历史的时候，就不能像当时那样对蒙古族采取诬蔑、谩骂、攻击的语言。要互相尊重。明朝是骂蒙古的，蒙古也骂明朝，这是历史事实。但这是他们在骂，不是我们在骂，我们应该实事求是地记录。如果我们也用自己的话来骂就不对了。你有什么道理骂？你根据什么事情骂？所以要正确处理历史上的民族关系。

至于区别战争的性质问题，是正义战争还是非正义战争的问题，我们不能把少数民族打汉族的战争不加区别地都说成是正义的，也不能把汉族为了自卫而进行的战争都说成是非正义的。应该就事论事，就战争发生的原因、经过情况、是非来判断战争的性质。比如说，汉朝和匈奴的关系。匈奴来打汉朝，他抢人家的东西，屠杀人、畜；汉朝为了自卫，就应该还击，这当然是正义的。唐朝和突厥的关系也是一样。突厥经常来打，唐朝为了自卫进行还击，也是正义的。明朝和蒙古的关系。蒙古人要南下，明朝组织力量反抗，这同样也是正义的。但是，历史上汉族与少数民族之间的战争，也不是正义都在汉族的一边，这需要根据当时历史情况做出具体分析，不能一概而论。汉族经常欺侮一些小民族，打人家，这是非正义的。少数民族中的一些统治阶级为了自己的阶级利益，闹分裂，闹割据，打汉族，也同样是非正义的。所以要具体分析，不能笼统地对待。不是哪个民族大、哪个民族小的问题，也不是简单的谁打谁的问题，而是要根据战争的情况、双方人民的利益来判断战争的正义性与非正义性。

明朝和蒙古的关系始终是敌对的关系，这个问题以后到清朝才解决。清朝打明朝经过了长期的战争，在这个战争中清朝采取联合蒙古的政策，取得了蒙古的支持。在入关之后，清朝对待蒙古的政策是通过婚姻关系来保持满、蒙两个民族之间的和平，清朝皇帝总是把自己的女儿嫁给蒙古的酋长。乾隆过生日时，来拜寿的一些蒙古族酋长都是他的女婿、孙女婿、曾孙女婿。所以，万里长城在清朝失去了意义。秦始皇修筑万里长城在历史上是起了作用的。早在战国时代，北方一些国家，像燕国、赵国为了抗拒外族的侵略，已经修筑了一些城墙。秦始皇统一六国之后，把这些国家所修的城墙连结起来加以扩展，就成为万里长城。我们现在看到的长城是经过许多朝代修建的，特别是青龙桥八达岭这一段不是秦始皇修的，而是明朝后期修的。我们在评论历史上某一件事情的好坏时，应该用辩证的方法。秦始皇修万里长城花了很大的力量，死了不少人，这是坏的一方面；可是另一方面，长城在漫长的历史过程中也的确起了作用。虽然它不能完全堵住北方各民族向南发动战争，但是，无论如何，它起了一部分作用，至少因为有了这样一个防御工事，使得长城以南众多的人口可以从事和平的生产。把长城的作用估计过高，认为有了这一条防线，北方的少数民族就进不来了，这是错误的。它们还是进来了，而且进来不止一次。但是，由于有了这个防御工事，使得北方一些少数民族的军事进攻受到阻碍，这种作用，直到明朝还是存在的。所以，明朝还继续修缮长城。只有到了清朝，这样的作用才不再存在了。当然，清朝和蒙古也有几次战争，不过跟明朝的情况比较起来就不同了。明朝和蒙古始终是敌对的关系。清朝不是这样，清朝和蒙古只是个别时候发生过战争。今天情况就更不同了，国家性质改变了，我们采取民族团结、民族区域自治的政策，内蒙古自治区是我们中华人民共和国组成部分之一，现在长城只是作为一个历史文物而保留着。世界上有七大奇迹，长城是其中之一，是世界上最伟大、最古老的工程之一。

明朝和蒙古的关系，是明朝历史上的一个特征，跟过去的情况不一样，跟以后的情况也不一样。此外，明朝和倭寇的关系，即所谓南倭问题，也是这个时代很突出的一个问题。明朝以前没有这样的情况，明朝以后也没有这样的情况。

研究明朝和倭寇的关系，光从中国的情况、中国的材料出发，还不可能得到全面的理解，还必须研究日本的历史。不研究日本的历史就很难理解当时为什么会有那么一些人专门从事抢劫，进行海盗活动，而且时间是如此之长，破坏是如此之严重。但是看看当时日本国内的情况，问题就很容易理解了。所以，我们先讲讲日本的情况。

明朝的历史是从1368年开始的。而日本从1336年起，内部分裂为南朝、北朝。京都是北朝的政治中心，吉野是南朝的政治中心。这个分裂的局面，长达六十年之久。一直到1392年南朝站不住了，才投降了北朝。分裂期间，日本有两个天皇：京都有一个天皇，吉野有一个天皇。正当日本南北朝分裂的时候（1336—1396），明朝建立起来了。明朝建立初年，正是日本南北朝分裂的后期。

当时日本的政治形势怎么样呢？日本有天皇，可是那个天皇是虚的、无权的，是一个傀儡。不只是那个时候的天皇是傀儡，凡是明治维新以前的天皇都是傀儡，地位很高，可是政治上没有实际权力。掌握实权的是谁呢？是将军。当时的将军称为征夷大将军。将军有幕府，当时的幕府叫室町幕府，也叫足利幕府。那时日本处在封建社会，有很多封建领主，这些封建领主有很多庄园，占有很多土地，有自己的军事力量，他们不完全服从幕府的命令，各自在自己的势力范围内实行封建割据。足利幕府建立之后，由于他的经济基础很薄弱，不能完全控制他们。所以，在足利幕府时代，由于地方经济的发展，封建领主势力强大，在幕府控制下的中央财政发生了困难。怎么办呢？它就要求和明朝通商，做买卖。足利幕府的第三代叫足利义满，他派人到明朝来，要求和明朝通商。明朝政府当然欢迎，但是对日本的情况不了解，对国际形势缺乏知识，不知道日本国内已经有了天皇，糊里糊涂地就封足利义满为日本国王。足利义满希望通过和明朝通商来加强自己的经济地位，减少财政困难。但是，由于当时日本是处在一种分裂割据的状态，那些大封建领主并不听他的话。而在那些大封建领主下面有一批武士，由于得不到土地，生活困难，于是他们就到海上去抢劫，成为倭寇，这就是倭寇的来源。所以当时的情况是，一方面幕府和明朝有交往；另一方面幕府下面那些封建领主一批批地来破坏这种交往，到处抢劫。幕府不能控制那些诸侯、封建领主，最后发生了内战。从1467年到1573年这个时期，是日本历史上的“战国时期”。这个时期延续了一百多年，日本国内到处打来打去，战争频繁，人民不能正常地进行生产，因而土地荒废，粮食不够。这样，就使更多的人参加到倭寇的队伍中来。这就是日本在战国时代，也就是明朝中期（1467—1573）之后，倭寇侵略更加严重的原因。

从中国的情况来说，中国遭受倭寇的侵犯从明朝一开始就发生了。在明朝建国以前，倭寇已经侵略高丽。那时候，高丽王朝的政治很腐败，没有能力抵抗。接着倭寇南下骚扰我国沿海各地，从辽东半岛到山东半岛，到江苏、浙江、福建、广东，到处侵犯。洪武二年（1369）明朝政府派海军去抵抗倭寇。1384年之后又派了一个大将在山东、江苏、浙江沿海地区修了五十九个军事据点防御倭寇。1387年又在福建沿海地区修建了十六个军事据点。所以，从洪武时代起，倭寇就已在危害中国。在永乐时代，1419年倭寇大举进攻山东沿海地区。明朝军队狠狠地打了它一下，把这一股倭寇全部消灭了。倭寇的侵扰引起了明朝政府内部在政治上的争论。当时，明朝政府专门设立了三个对外贸易机构，叫作“市舶司”。这三个市舶司设在广州、宁波和泉州。这些地方是当时的对外通商口岸，外国人可以到这里来做买卖。当倭寇侵略发生之后，有的人认为，倭寇之起是由于对外通商的缘故，因为你要做买卖，所以日本海盗就来了。最好的办法就是把市舶司封闭掉，对一切国家一概不做买卖。这种论调在明朝政府中占了优势，结果在公元1523年把三个市舶司撤消了。

撤消市舶司之后发生了另外一个问题。浙江、福建、广东等东南沿海地区，人口密度高，人多耕地少，不少人没有生产资料，这些人做什么呢？在通商的时候他们借一点资本出去做买卖，买一些外国货到中国来卖；把中国的土产卖出去。因此，这些人是依靠通商来维持生活的。这是一种情况。另外还有一种情况，就是东南沿海的一些大地主，他们看到对外通商的收入比在农业生产上进行剥削要多好几倍，因此从事对外贸易。他们自己搞了很多海船载运中国土产出国；同时把外国商品带回来卖。沿海大地主依靠通商发财，这在当时叫作“通番”。“通番”的历史已经很久了，宋朝后期就有许多大地主组织船队出海通商的事，宋代关于这一类事情的记载很多，元朝也有。民间有这样一个传说，说明朝有一个大富翁叫沈万三，他家里有一个聚宝盆，这个盆里可以出很多宝贝。这是传说，事实并不是这样。事实是他搞对外贸易发了财。有人说他富到这样的程度，明太祖修建南京城时，有一半是他出的钱；此外，每年还要他出很多钱。因为在明朝和元朝做斗争的时候，他曾经站在元朝这一边，所以后来明太祖干脆把他的家产全部没收了，把他充了军，有的说是充军到云南，也有的说是充军到东北。这个故事说明，当时是有这么一部分人是依靠通商和对外贸易来发财的。所以，当时东南沿海地区的情况是，一方面许多贫民依靠对外通商来维持生活，其中有一些穷苦的人长期停留在国外，这一批人就成为华侨。现在南洋各个地方都有华侨，大体上以广东、福建人为多；另一方面，沿海一些大地主依靠通商来发财。因此，当1523年，由于倭寇不断骚扰沿海，明朝政府封闭了市舶司，断绝了对外通商关系时，就发生了新的问题：一方面很多穷苦人失去了生活来源；另一方面，沿海大地主失去了发财机会。他们要求恢复通商。在这种情况下，某些地主集团便采取反抗手段，你禁止通商，他就秘密通商。他们自己组织船队出去，其中有一些照样发了财，有一些就遭到倭寇的抢劫；而另外一些则采取和倭寇合作的办法，他们也变成了倭寇。他们组织船队出去，能够做买卖就做买卖，不能做买卖就抢。因此，倭寇主要是日本海盗，但其中也有一部分是中国人。

除了倭寇之外，当时还有一种情况，即在16世纪初年（1513），葡萄牙人到东方来了。这些葡萄牙人一方面进行通商活动；另一方面也进行海盗活动。不但进行海盗活动，而且占据了我国福建沿海的一些岛屿。

1546年，也就是日本的“战国时代”，倭寇对沿海的侵略更加严重了，浙江宁波一带受到严重的损害。明朝政府派了一个官员总管浙江、福建两省的军事，防御倭寇。这个官员叫朱纨，他坚决执行禁海方针，任何人都不许出去，坚决用军事力量打击倭寇，打击葡萄牙海盗。他把抓到的九十多个海盗头目——有日本人，有葡萄牙人，也有中国人——都杀掉了，这样一来引起政治上的一场轩然大波。因为被杀的这些人里面，有一些是沿海的大地主派出去的，把这些人杀了，就损害了沿海大地主阶级的利益。这些大地主集团在北京中央政权机构里的代言人（主要是一些福建人）大叫起来了，他们向皇帝控告朱纨，说他在消灭海盗时，错杀了良民和好百姓。这样就展开了政治斗争，在政府里和地方上形成两派：一派要求对外通商；一派反对通商。大体上沿海一些大地主坚决主张通商，而内地一些大地主反对。为什么内地的大地主反对呢？因为他们不但得不到通商的好处，而且海盗扰乱的时候，还要出钱，他们吃了亏。通商派和反通商派的斗争很激烈，代表闽、浙沿海大地主利益的许多官员都起来反对朱纨。朱纨也向皇帝上疏为自己辩护，并且很愤慨地说："去外国盗易，去中国盗难；去中国濒海之盗易，去中国衣冠之盗尤难。"这样，浙江、福建沿海的大地主集团更加恨他，对他的攻击更厉害了。结果明朝政府就把他负责的浙江、福建两省的军事指挥权撤消了，并且派了一个官员来查办这件事。最后朱纨在"纵天子不欲死我，闽浙人必杀我"的情况下自杀了。

朱纨失败了，倭寇问题没有解决。1552年之后，情况更加严重。在浙江沿海一带，倭寇长驱直入。一直到1563年的十一年中间，不但江苏、浙江、福建的许多城市、农村受到倭寇的烧杀、抢劫，倭寇甚至还打到南京城下，打到苏州、扬州一带。

这个时候，明朝的军事力量已经腐化了。明朝在地方的军事制度是卫所制，一个卫有五千六百人，一个千户所有一千一百二十人，一个百户所有一百二十人。军队和老百姓分开，军户和民户分开。军人是世袭的，父亲死了以后，儿子接着当兵。明朝初年的军事力量是相当强大的，因为它有经济做基础。那时，明朝实行屯田政策，军队要参加生产。办法是国家拨一部分土地给军队，军队里抽一部分人，参加农业生产，自己生产粮食供应军队的需要，国家再补贴一部分。所以，尽管军队的数量很大，最多时达到二百多万人，可是国家的财政开支并不大。以后由于许多地主、官僚把屯田吞没了，把军队的钱贪污了，所以屯田的面积愈来愈小，粮食收入愈来愈少。同时，有些军官把士兵拉来替他搞私人劳动，在家里服役。此外，由于军队和老百姓是分开的，军户和民户是分开的，军人的服装、武器要自备；把河北人派到云南去，山东人派到浙江去，世世代代当兵，结果部队中逃亡的比例愈来愈大。从明朝初年一直发生军队减员的现象，以后愈来愈严重，往往一个单位的逃亡比例达到十分之七八，一百人当中只剩下二三十人。怎么办呢？明朝政府就采取这样的办法：张三如果逃跑了，就把他的弟弟、侄子抓去顶替。如果他家里没有人可以顶替，就抓他的邻居去代替，但是这些被抓去顶替的人又逃跑了，所以军队数量愈来愈少，质量愈来愈低，军官也腐化了。

从明太祖到明成祖，在沿海建立了许多军事据点，组织了海军，建造了一些战船，到这时这些战船因为用的时间太久了，破破烂烂，不能再用了。按照规定，船过一定时期要修一次，可是由于修船的钱也被军官贪污了，没办法修，所以战船愈来愈少。

由于上面这几方面的原因，明朝的军事力量腐化了，军队不能打仗了。在1552年之后，往往是数量不多的倭寇登陆之后，一抢就是几十个城市，抢了就跑。各地方尽管有很多军队，但是不能抵抗。人民遭受到深重的灾难。特别应该指出的是，倭寇所侵犯的这些地区都是粮食产区，是最富庶的地方。像江苏（包括长江三角洲）、浙江及福建沿海地区，都是经济最发达的地区。这些地方长期遭到抢劫一直到什么时候呢？一直到1564年才改变这种局面。这时，出现了戚继光、俞大猷等有名的军事将领。戚继光看到原来的军队不能作战了，就自己练兵。他了解浙江义乌县的农民很勇敢，便招募了义乌县的农民三千人，成立了一支新军，进行严格的军事训练。他根据东南地区的地形，组织了一个新的阵法，叫作“鸳鸯阵法”。这个阵法的主要特点是各个兵种互相配合，长武器和短武器结合使用。更重要的是他有严格的军事纪律，对兵士进行严格的军事训练。经过二三年之后，他的这支军队便成了最有战斗力的军队。当倭寇侵入浙江的时候，在台州地区，戚继光的军队九战九胜，把浙江地区的倭寇消灭光了，以后把福建地区的倭寇也消灭了。他和俞大猷及其他地区的军事将领经过十年左右的努力，彻底解决了倭寇问题。

可是，在倭寇问题解决之后，又发生了新的问题。这时日本国内的情况发生了变化，原来的幕府被推翻了，新的军阀起来了，这就是丰臣秀吉。丰臣秀吉用军事力量统一了国内，不过这是表面上的统一，实际上国内各地还是一些封建领主在统治着。这些封建领主拥有强大的军事力量，他不能完全控制。为了把尚未完全控制的封建领主（大名）的目标转向国外，并消耗他们的实力，以稳固自己的统治，丰臣秀吉发动了一次侵朝战争，派军队去打朝鲜。他写信给朝鲜国王，说他要去打明朝，要朝鲜让路，让他通过朝鲜进入我国东北，他的军事野心非常狂妄，准备征服整个中国；然后把他的天皇带到中国来，以宁波为中心，建立一个庞大的帝国。步骤是：第一步占领朝鲜；第二步占领中国；第三步以中国为中心，向南洋群岛扩张。面临着这样的形势，明朝政府怎么办？有两种主张：一种认为日本打朝鲜与中国无关；另一些人看到了唇亡齿寒的关系，认为朝鲜是我们友好的邻国，丰臣秀吉占领朝鲜以后就会向中国进攻，因此援助朝鲜也就是保卫自己。经过一番争论，后一种意见占了优势，明朝派了军队出去援助朝鲜。这时候，朝鲜已经很混乱，大部分地区被日本军队占领，国王逃跑。明朝政府动员全国的力量来帮助朝鲜，前后打了七年（1592—1598）。由于中国人民的援助、朝鲜军队的奋勇抗战，特别是朝鲜海军名将李舜臣使用一种叫“龟船”的战舰，发挥了很大的作用，最后把日本侵略军打败了。1598年，丰臣秀吉病死。日本侵略朝鲜的军队跑掉了，战争结束了。

所以，我们和朝鲜的历史关系很深远，在甲午战争前三百年，中国就出兵援助过朝鲜，共同反抗外来的侵略。在中华人民共和国建立之后，我们的经济还没有恢复，美帝国主义就越过“三八线”，向朝鲜民主主义人民共和国进攻，情况很严重。我们又进行了抗美援朝运动，派出了志愿军支援了朝鲜人民。

这一段历史使我们得到这样的认识：日本军国主义者不是这个时代才有，而是有其长远的历史原因。它总是要侵略别人的，从倭寇起，以后不断地向外侵略，1592年侵略朝鲜，甲午战争时期占领我国东北，1937年以后占领了我国大部分地方。

我们进行了抗日战争才取得了胜利。要了解和熟悉日本的情况，必须要了解和熟悉我们自己的历史情况，这样才能对我们很接近的国家有正确的看法。当然，说日本的军国主义有长远的历史原因，绝对不等于说日本人民都是侵略者。如果得出这样的结论，那就是错误的。但是日本的统治者，不管是过去的封建主，还是近代的军国主义者，都是侵略成性的。中国与日本是一衣带水的邻邦，两国之间有着悠久的历史文化联系。但是在近代的半个多世纪中，由于日本军国主义的侵略，给中日两国人民带来了灾难。现在中日两国人民，都要从惨痛的历史中吸取有益的经验教训，使惨痛的历史永不重演，建立和巩固两国人民的友好关系。

明朝的历史情况与过去不同。与倭寇的斗争，与蒙古贵族的斗争贯穿着这个时代。明朝以前没有这样的情况，明朝以后也没有这样的情况，这是明朝历史的特征，要抓住这个特征才能够了解明朝人民的负担为什么那么重。因为北边有蒙古问题，沿海有倭寇问题，就要有军队打仗，军队要吃饭、要花钱，这些负担都落在人民身上，所以明朝的农民受着无比深重的苦难。在这样的情况下，从明朝开国一直到灭亡，都不断发生农民战争。农民战争次数之多、规模之大、时间之久、分布地区之广，在历史上没有任何一个时期可以和明朝相比。

东林党之争

东林党之争是明朝末年历史上的一个特征。

首先应该明确这样一个问题，历史上所谓党与我们今天所说的党是两回事，不能把历史上所说的党和今天的政党混同起来。历史上所说的党并没有什么组织形式，参加哪个党是没有任何形式的，既不用交党费，也没有组织生活，更没有党章和党纲。然而，在历史上又确实叫作党。历史上所谓党是指的什么呢？是指政治见解大体相同的一些人的集团，也就是统治阶级内部某些人无形的组合。明朝的东林党，它的情况大致是这样：在江苏无锡有个书院叫东林书院，这是一所学校。当时有两个政府官员，即顾宪成和顾允成两兄弟，在北京做官的时候，由于他们的政治见解与当时的当权人物相抵触，便辞官不做，回家后在东林书院讲学。他们很有学问，在地方上声望很高，为人也正派。这样，和他们意气相投的人跟他们的来往便越来越多了。不但在地方上，就是在北京，有一些官员跟他们的来往也比较多。他们以讲学为名，发表一些议论朝政的意见。这样，从万历二十二年（1594）开始，一直到明朝被推翻，前后五十年间，在明朝政治上形成了一批所谓东林党人，和另外一批反对东林党的非东林党人。非东林党人后来形成齐（山东）、楚（湖北）、浙（浙江）三派，与东林党争论不休。这五十年中间，在几件大事情上都有争论。你主张这样，他反对；他主张那样，你反对。举例来说，党争中最早的一个问题，就是所谓“京察”问题。“京察”是古代历史上的一种制度，就是政府的官员经过一定的时期要考核，相当于现在的考勤考绩。主持考勤考绩的是吏部尚书、吏部侍郎（相当于现在的内务部长、副部长），他们主管文官的登记、资格审查、成绩考核及任免、升降、转调、俸给、奖恤等事。当时考取进士以后，有一部分进士就安排做科道官。科就是六科给事中，道就是十三道御史。六科就是按照六部（吏、户、礼、兵、刑、工）来分的，道是按照行政区划来设置的。当时全国有十三个布政使司，设了十三道御史，譬如浙江道有浙江道御史。科道官都是监察官，当时叫作“言官”。他们本身没有什么工作，只是监察别人的工作，提出赞成的或者反对的意见。他们的任务就是说话，所以叫“言官”。每次“京察”，吏部提出某些人称职，某些人不称职。1594年举行“京察”的时候，就发生了争论，这一部分人说这些人好，那一部分人说不好。凡是东林党人说好的，非东林党人一定说不好。争论中掺合了封建社会的乡里（同乡）关系。譬如齐、楚、浙就是乡里关系。不管这件事情正确不正确，只要是和我同乡的人，都是对的。还有一种同门的关系。所谓同门就是指同一个老师出身的。不管事情本身怎么样，只要跟我是同学，就都是对的。至于对亲戚、朋友则更不用说了。就在这样的封建关系组合之下，从1594年“京察”开始，一直争吵了五十年。

继“京察”问题之后，接着发生了“国本之争”。所谓“国本”就是国家的根本。我们今天说国家的根本就是人民，没有人民就没有国家。当时并没有这样的概念。那时候所谓“国本”是指皇帝的继承人问题。万历做了多年皇帝，按照过去的惯例，他应该立一个皇太子，以便他死后有一个法定的继承人。可是他不喜欢他的大儿子，他所喜欢的是他的小老婆（郑贵妃）生的儿子福王（以后封在河南洛阳），所以他就迟迟不立太子。有些大臣就叫起来了，他们认为国家的根本很重要，应该早立太子。凡是提议立太子的，万历就不高兴，他说：我还活着，你们忙什么！这样，有人主张早立太子，有人反对立太子，争吵起来了，这就叫“国本之争”。

跟着又发生了一个案子叫“梃击案”。有一天早晨，突然有一个人跑到宫里来见人就打，一直打到万历的大儿子那里去了。当然，这个人马上被逮住了。可是这里发生了一个问题，是谁叫他到宫里来打万历的大儿子的？当时有人怀疑是郑贵妃指使的。这是宫廷问题，却成了当时政治上的一个大问题，引起了争吵，东林党与非东林党大吵特吵。

万历做了四十八年皇帝，死了。他的大儿子继位不到一个月又死了。怎么死的呢？搞不清楚。据说他在病的时候，有一个医生给他红丸药吃，吃了以后就死了。这样就发生了一个问题，这个皇帝是不是被毒死的？是谁把他毒死的？因此，又发生了所谓“红丸案”。各个集团之间又争吵起来了。

正在争吵的时候，发生了另外一个问题：就是这个只做了个把月的皇帝死了以后，他的儿子继位，还没成年。这个短命皇帝有个妃子李选侍，她住在正宫里不肯搬出来。她有政治野心：想趁这个小孩做皇帝的机会把持朝政。这样，又发生了争论，有一些人出来骂她：你这个妃子怎么能霸着正宫？逼着她搬出去了。这个案件叫“移宫案”。京戏里有一出戏叫《二进宫》，就是反映这件事的，不过把时代改变了，把孙子的事情改成了祖父的事情。

“梃击”“红丸”“移宫”是当时三大案件，成为当时争论最激烈的事件。在这样的情况下，政治上出现了什么现象呢？每一件事情出来，这批人这样主张，那批人那样主张，争论不休，整天给皇帝写报告。到底谁对谁不对？从现在来看，东林党与非东林党之争，一般地说，道理在东林党方面。东林党的道理多，非东林党的道理少。但是，东林党是不是完全对呢？在某些问题上也不完全对。这样争来争去，争不出个是非来，结果只有争论，缺乏行动，许多政治上该办的事没人去管了。后来造成这种现象：某些正派的官员提出他的主张，这个主张一提出来，马上就有一批人来攻击他，他就不能办事，只好请求辞职。皇帝不知道这个人对不对，不做处理，把事情压下来。这个官既不能办事，辞职也辞不成，怎么办？干脆自己回家。他回家以后政府也不管，结果这个官就空着没人做。到万历后期政治纪律松懈到这样的地步：哪个官受了攻击就把官丢了回家，以至六部的很多部长都没人做了。万历皇帝到晚年根本不接见臣下，差不多一二十年不跟大臣见面，把自己关在宫廷里，什么事情也不管，大臣们有什么事情要跟他商量也见不着。政治腐化，纪律松懈，很多重要的问题得不到解决，却专搞无原则的纠纷，大是大非没人管了，成天纠缠在一些枝节问题上面。

这种无休止的争吵影响到一些重大的政治事件的发展。譬如日本侵略朝鲜，中国到底应不应该援助朝鲜，在这个问题上发生了争论。后来还是派兵去支援了朝鲜，第一个时期打了胜仗，收复了平壤。后来又派兵去，由于麻痹大意，打了败仗。打了败仗以后，政府里又发生争论了，主和派觉得和日本打仗没有必要，支援朝鲜意义不大，不如放弃军事办法，转而采取政治办法来解决问题。他们主张把丰臣秀吉封为日本国王，并答应和他做买卖。历史上封王叫作朝，做买卖叫作贡，所谓朝贡，说得通俗一点，就是你带些物资来卖给我，我给你一些物资做交换。在这种情况下，明朝政府只好一面按照主战派的主张，继续派兵援助朝鲜，一面派人暗中往来日本进行和议。后来明军与朝鲜军大败日本侵略军，日本愿和了，明朝政府便按照主和派撤兵议和的主张，允许议和，并派人到日本去办外交，封丰臣秀吉为国王。但日本国内本来已经有天皇，因此丰臣秀吉不接受王位，而且提出了很强硬的条件。结果外交失败了，日军重新侵略朝鲜，明朝政府只好再次出兵，最后打败了日军。由于追究外交失败的责任，又引起了争论。

这种影响在“封疆案”的问题上表现得更加明显。万历死后，东林党在政府做官的人越来越多了。这时北京有一个“首善书院”（在北京宣武门内），在这里讲学的也是东林党人。这些人在政治上提出意见时，非东林党人就起来攻击，要封闭这个书院，东林党人当然反对封闭，这样吵了二三十年。这个争论最后演变成什么局面呢？当时万历皇帝的孙子熹宗（年号天启，是崇祯皇帝的哥哥）很年轻，不懂事，光贪玩。他宠信太监魏忠贤，军事、政治各个方面都是太监当家。一些地主阶级的知识分子由于在魏忠贤门下奔走而当了官。凡是属于魏忠贤这一派的，历史上称为“阉党”，阉党里面没有什么正派人。东林党是反对阉党的，因此，党争发展到这个时候，就变成了地主阶级的知识分子与宦官的斗争，这个斗争影响到东北的军事形势。在万历以前，东北的建州族已经壮大起来了，不断进攻辽东，占领了许多城市。到天启时代，明朝防御建州的军事统帅熊廷弼提出一系列的军事上和政治上的主张，建立三方布置策，广宁、天津、登莱听山海关经略节制，以统一事权，重在守御。当时前方的另一个军事将领叫王化贞，他不同意这个意见，他认为只能急攻不可据守。熊廷弼虽然是统帅，地位比王化贞高，但是没有军事实权，而王化贞得到了魏忠贤的支持。这样，熊廷弼的正确意见因为得不到支持而不能贯彻，结果打了败仗，王化贞跑回来了，熊廷弼也跑回来了，山海关以东的很多地方都丢了。北京震动，面临着很严重的军事危机。在这种情况下又发生了有关“封疆案”的争论。当时追究这次失败到底是熊廷弼的责任，还是王化贞的责任。从当时的具体军事形势来看，熊廷弼是正确的，但他没有军队来支持。王化贞有十几万军队，坚持错误的主张，因此王化贞应该负责。但是因为熊廷弼得罪了很多人，结果把这个责任推到他身上，把他杀了。很显然，这样的争论和处理大大地影响了前方的军事形势。

“封疆案”之后，就是魏忠贤对东林党人的屠杀。因为一些在朝的东林党人认为魏忠贤这样胡搞不行，就向皇帝写信控告他的罪恶，当时有杨涟等人列举了他的二十四条罪状，这些东林党人的行为得到了其他官员的支持。这样，东林党和阉党就面对面地斗争起来。由于魏忠贤军权在握，又指挥了特务，而东林党人缺乏这两样武器，结果大批的东林党人被杀。当时被杀的有杨涟、左光斗、周顺昌、黄尊素、缪昌期等。其中周顺昌在苏州很有声望，当特务逮捕他的时候，苏州的老百姓起来保护他。最后这次人民的斗争还是失败了，人民吃了苦头，周顺昌被带到北京杀害了。

熹宗死了以后，明朝最后的一个皇帝——崇祯皇帝比他哥哥清楚一点，他把魏忠贤这伙人收拾了，把一些阉党分子都杀了（魏忠贤是自己上吊死的）。但是这场斗争是不是停止了呢？没有停止，东林党人跟魏忠贤的余孽在崇祯十七年的时候还在继续斗争。崇祯五年（1632）一些东林党人的后代跟与东林党有关系的地方上的知识分子组织了一个团体，叫作“复社”，以后又有“几社”，有大批青年知识分子参加。表面上他们是以文会友，写文章、写诗，是学术研究组织，实际上有政治内容。大家可能看过《桃花扇》这出戏，这出戏里的侯朝宗、陈贞慧、吴应箕、冒辟疆四公子都是复社里面的人。当时李自成已经占领了北京，崇祯上吊死了。这个消息传到了南方，没有皇帝怎么办？这时一些阉党人物就想拥小福王（由崧）来做皇帝。原来万历把最喜欢的那个儿子福王（常洵）封在河南洛阳，这是老福王。这个人很坏，在他封到洛阳时，万历给他万顷土地，河南的土地不够，还把邻省的土地也给了他，老百姓都恨透了。李自成进入洛阳以后，把老福王杀掉了，小福王由崧（这也不是个好东西）逃到南京。当时在南京掌握军事实权的是过去和魏忠贤有关系的阉党人物马士英，替他出主意的也是一个阉党分子，叫阮大铖，他们把小福王抓到手中，把他捧出来做皇帝。可是政府里面另外一批比较正派的人，像史可法、高弘图、姜日广等主张立潞王（常淓）做皇帝。这个人比较明白清楚。但马士英他们先走了一步，硬把福王捧出来做了皇帝。这样，在南京小朝廷里又发生了东林党与非东林党之争。因为马士英和阮大铖是当权的，史可法被排挤出去，去镇守扬州。在清军南下的时候，史可法坚决抵抗，在扬州牺牲了。马士英和阮大铖在南京搞得不像样，清军一步步逼近南京。这时候小福王在做什么呢？在跟阮大铖排戏。就在这以前，上面说的四公子就已起来反对阮大铖，他们出布告，揭露阮大铖过去是魏忠贤的干儿子，名誉很不好，做了很多坏事，不能让他在政府里当权，号召大家起来反对他。南京国子监的学生也支持他们的主张，这样就形成为一个学生运动。侯朝宗这些人虽然得到广大知识分子的支持，但是他们根本没有实力，而马士英、阮大铖有军事力量。结果有的人被逮捕了，有的人跑掉了。不久之后，清军占领南京，小福王的政权也就被消灭了。

党争从1594年开始，一直到1645年，始终没有停止过。无论是在政治问题上，还是在军事问题上，都争论不休。这种争论是什么性质的呢？这是地主阶级内部的矛盾。开始是东林党和齐、楚、浙三党之争，后来演变为东林党与阉党之争。由于东林党的主张在某些方面是有利于当时的生产发展的，因此他们得到了人民的支持。但是反过来说，所有的东林党人都反对农民起义，这是他们的阶级本质决定的。譬如史可法这个历史人物，从他最后这段历史来说是应该肯定的。那时候，清军南下包围扬州，他的军事力量很薄弱，也得不到南京的支持，孤军据守扬州，但他宁肯牺牲不肯投降，这是有民族气节的人，也就是毛主席所说的有骨气。我们中国人是有骨气的，史可法就是这种有骨气的代表人物。但是他以前的历史就不好追究了。他以前干什么呢？镇压农民起义。在阶级斗争极为尖锐的时候，这些人的阶级立场是极为清楚的，反对农民起义，镇压农民起义，即使在他抗拒清军南下的时候，还要反对农民起义。有没有同情农民起义的呢？没有。不可能要求统治者来同情被统治者的反抗。

对于这样一段党争的历史，要具体分析，具体研究。党争跟明朝的政治制度有关系。明太祖在洪武十三年取消了宰相，取消了中书省，搞了几个机要秘书到内廷来办事情。到明成祖时搞了个内阁，这是个政府机构。内阁的权力越来越大，代替了过去的宰相，虽然没有宰相之名，但是有宰相之实。至于给皇帝个人办事的有秘书，就是在宫廷里面设立一个机构，叫作“司礼监”。这是一个内廷机构，不是政府机构。司礼监有一个秉笔太监，皇帝要看什么政府报告，让秉笔太监先看；皇帝要下什么书面指示，也让秉笔太监起稿。皇帝年纪大一些、知识多一些的，还能辨别是非，是不是同意，他自己有主见。可是一些年轻的皇帝就搞不清楚，结果司礼监的秉笔太监就操纵政治，掌握了政权。因为用人和行政的权力都给了司礼监，结果形成了明朝后期的太监独裁。在明朝历史上有很多坏太监，像明英宗时代的王振，明武宗时代的刘瑾，天启时代的魏忠贤等。太监当家的结果，就造成了政府与内廷之争，也就是统治阶级内部地主阶级知识分子与太监争夺政权的斗争。明朝后期五十年的东林党之争就是在这样的背景之下进行的。

随着太监权力的扩大，不但中央被他们控制了，地方也被他们控制了。洪武十三年以后，地方上设有三司（都指挥使司、布政使司、按察使司），三司是各自独立的，都受皇帝的直接指挥。到了永乐时代，当一个地区发生了军事行动，像农民起义或其他的群众斗争爆发的时候，这三个司往往意见不统一，各管各的，结果只好由中央政府派官员去管理这个地方的事，这个官叫巡抚。巡抚是政府官员，常常是由国防部副部长，即兵部侍郎担任。巡抚出去巡视各个地方，事情完了就回来。可是由于到处发生农民战争和民族与民族之间的战争，这个官去了以后就回不来了，逐渐变成一个地方的常驻官了。因为巡抚是中央派去的，所以他的地位在三司之上。过去三司使是地方上最大的官，现在三司使上面又加了一个巡抚。但这能不能解决问题呢？还是不能解决问题。为什么呢？因为巡抚只能指挥这一个地区的军事行动，比如浙江的巡抚就只能管浙江这一个地方，遇到军事行动牵涉几个省的时候，这个巡抚就不能管了。于是又派比巡抚更高的官，即派国防部长——兵部尚书出去做总督，管几个省或一个大省。有了总督之后，巡抚就变成第二等官了，三司的地位则更低了。可是到了明朝后期，总督也管不了事。为什么呢？因为战争扩大了，农民战争和辽东的战争往往牵涉五六个省，五六个省就往往有五六个总督，谁也管不了谁。结果只好派大学士出去做督师。总督也归他管。这是一方面。另一方面，明朝为了镇压各地人民的反抗，就派军官到各地去镇守，叫作总兵官，也就是总指挥。统治者对总兵官不放心，怕他搞鬼，因此总是派一个太监去监督，叫作监军。哪个地方有总兵官，哪个地方就有监军。监军可以直接向皇帝写报告，因为他是皇帝直接派出去的。因此，不但总兵官要听他的话，就是像巡抚这一类的地方官也要听他的话。这样，就形成了中央和地方都是太监当家的局面，明朝的政治变成太监的政治了。此外，明朝的皇帝贪图享受，为了满足自己生活上的欲望，哪个地方收税多就派一个太监去，哪个地方有矿藏也派一个太监去，叫作“税使”“矿使”。全国的主要矿区，东北起辽东，西南到云南，以及武汉、苏州等大城市都有税使、矿使搜刮民脂民膏。这些太监很不讲道理，他们的任务就是弄钱。他们根本不懂得什么矿，更不懂得怎么开采，却要开矿。只要听说这个地方有金矿就要开，而且规定要在这里开三百两、五百两。如果开不出来怎么办？就要这个地方的老百姓来赔。老百姓要反抗，他就说你的房子下面有矿，把房子拆了开矿。收税也很厉害。苏州有很多机户，纺织工人数量很大。他们要加税，每一张织机要加多少钱，老百姓交不起就请愿，请愿也不行，结果就起来反抗，把太监打走，形成市民暴动。苏州市民暴动出了一个英雄人物，叫作葛贤，这个人后来被捕了，因为明朝政府要屠杀参加暴动的市民，他挺身出来顶住了。不仅在苏州，在武汉、辽宁、云南各个地方都发生了市民暴动，有的地方把太监赶跑了，有的地方把太监杀了，或者是把他下面的人逮住杀了。市民暴动是明朝后期历史的一个特征，人民的生活日益困难，不但农民活不下去，城市工商业者也活不下去了，他们便起来反对暴政。

因此，当时一些比较有见解的政治家，就在政治上提出了一些主张，譬如大家知道的海瑞就是这样。他提出了什么主张呢？他做苏州巡抚，管理江苏全省和安徽一部分，这个地区的土地情况怎样呢？前面说到明朝初年土地比较分散，阶级斗争比较缓和。可是一百多年以后，情况改变了，土地全部集中在大地主、大官僚的手中，而且越来越集中。就在海瑞所管辖的地区松江府，出了一个宰相叫徐阶，他就是一个大地主，家里有二十万亩土地。土地都被大地主占有，农民没有土地，只能逃亡。土地过分集中的结果，使农民活不下去，阶级矛盾越来越尖锐。海瑞看出了毛病，他想缓和这种情况。当然，他不能也不知道采取革命的手段，他采取什么办法呢？他认为要解决人民的生活问题，要使人民不去搞武装斗争反对政府，就必须使这些穷人有土地可种。土地从哪里来呢？土地都在大地主手里，而大地主所以取得这些土地，主要的手段是非法的强占。因此，他提出这样一个政治措施：要求他管辖地区内的大地主阶级，凡是强占的土地一律退还给老百姓，使老百姓多多少少有一些土地可以耕种，能够活下去。这样来缓和阶级矛盾。他坚决主张这种做法。这一来，大地主阶级就联合起来反对他，结果这个苏州巡抚只做了半年多就被大地主阶级赶跑了。海瑞的办法能不能解决当时的土地问题？当然不可能。把大地主阶级强占的一部分土地归还给老百姓能不能稍微缓和一下阶级矛盾呢？可以缓和一下，可是办不到，因为地主阶级不肯放弃他们已经到手的东西，海瑞是非失败不可的。类似海瑞这样的政治家当时还有没有呢？有的。他们也感到了阶级矛盾和阶级斗争的严重性，认为这个政权维持不下去。但是能不能提出一个解决的办法呢？谁也没有办法，不但统治阶级，就连农民起义的领袖也提不出解决的办法来。

阶级矛盾日益尖锐的结果是最后形成了明末的农民大起义。崇祯时代，各地方的农民都起来斗争，最后形成两支强大的军事力量，一支以李自成为首，一支以张献忠为首。他们有没有明确地提出解决阶级矛盾的办法呢？也没有。李自成后期曾经提出“迎闯王，不纳粮”的口号争取广大农民的支持，结果他的队伍一下子就发展到一百多万，农民、小手工业者、城市贫民都跟着他走。但是不纳粮也不能解决问题。现在有一个材料，就是山东有一个县，李自成曾经统治过那个地方，当时有人主张分田给百姓。分了没有呢？没有分。他提不出明确的办法，不但提不出消灭地主阶级的根本方针，甚至连孙中山那样的“平均地权”的办法也提不出。所以消灭封建剥削，消灭地主阶级这个根本问题，在古代历史上的任何时期都不能解决。不但地主阶级知识分子、官僚提不出解决办法，就是反对封建地主阶级的农民起义领袖也提不出解决的办法，这个问题只有在我们这个时代才能解决。我们研究过去的农民革命、农民起义时，不能把我们今天的思想意识强加于古人，我们这个时代能办到的事，不能希望古人也能办到，否则就是非历史主义的观点。目前史学界在有些问题上存在一些偏向，总希望把农民起义的领袖说得好一些，说得完满一些，不知不觉地把自己所理解的东西加在古人身上。这是不科学的，非马克思主义的观点。我们只能根据历史事实来理解、来解释、来研究和总结历史。而不可以采取别的办法。

附带讲一个小问题。前面提到巡按御史，到底巡按御史是个什么官？我们经常看京戏，很多京戏里都有这么一个官。所谓八府巡按，威风得很。他是干什么的呢？我们前面讲过御史，就是十三道御史，是按照行政区划设置的。每一道御史的职务就是监察他这个地区的官吏和政务。同时，中央有一个机构叫都察院。都察院的官吏叫左右都御史，左右都御史下面是左右副都御史，左右副都御史下面是左右佥都御史，再下面就是御史和巡按御史。巡按御史是由都察院派出去检查地方工作的。凡是地方官有违法失职的，他们有权提出意见来。他们还可以监察司法工作，有的案子判得不正确，他们可以提出意见。老百姓伸冤的，地方官那里不能解决问题，可以到巡按御史这里来告，这就是戏上八府巡按的来源。御史的官位大不大呢？不大，只是七品官。当时县官也是七品官。知识分子考上进士以后，有一批人就分配做御史。御史管的事情很少，可是在地方上有很高的职权。为什么呢？因为他代表中央，代表都察院，是皇帝的耳目之官。建立这样一种制度的目的是什么呢？目的是想通过巡按御史的监察工作，来缓和当时人民和政府之间的矛盾，解决一些问题。贪官污吏，提出来把他罢免；冤枉的案子帮助平反，于是老百姓对这样的官员寄予很大的希望，希望他们能帮助自己伸冤，这种愿望，在当时的一些文学作品中得到了反映。虽然这些人在实际政治生活中并没有解决什么问题，但是一些文学家、艺术家在一定程度上反映了人民的要求，创作了许多这类题材的作品，特别是明、清两代有很多剧本是反映这个思想的。这些作品大体上有这样一些共同的内容：一类是描写老百姓受了冤枉，被大地主、大官僚陷害，被关起来或者判处了死刑，最后一个巡按给他翻了案；或者是描写皇庄的庄头作威作福，不但庄田范围以内的佃农，就是庄田附近的老百姓也受他们的欺侮，姑娘被抢走了，家里面的东西被抢走了，后来遇上侠客打抱不平，或者清官出来把问题解决了。在明朝后期和清朝前期，有不少的小说、剧本是描写这些恶霸、庄头的残暴行为的。这是一类。另一类作品反映了当时知识分子的出路问题。当时的知识分子无非是通过考试中秀才、中举人、中进士。中了进士干什么呢？当巡按御史。因此，有很多作品是这样的题材：一位公子遇难，在后花园里遇到一位小姐，小姐赠送他多少银子，以后上北京考上了进士，当上了八府巡按，最后夫妻团圆。这个时期的文学作品大体上有这几方面的题材，反映了这个时期的政治生活、阶级斗争的一些问题。

建州女真问题

现在讲第一部分的最后一个问题，建州问题。建州的历史和明朝一样长，在明朝初期和中期的时候，建州是服从明朝的，从明朝初年一直到努尔哈赤的时候都是这样，努尔哈赤曾经被明朝封为“龙虎将军”。但是清军入关以后，清朝皇帝忌讳这段历史，他们不愿意让人们知道他们的祖先和明朝有关系。因此，清朝写的一些历史书把这几百年间建州和明朝的关系整个删掉了，把这段历史的真实情况隐瞒起来，说他们的祖先从来就是独立的，跟明朝没有关系。凡是记载他们的祖先与明朝的关系的历史书，他们都想办法搜来毁掉。《四库全书总目提要》后附有一部分禁毁书目，大体上有两类：一类是书里面有某些文章对清朝表示不满的；另一类就是牵涉清朝的祖先的。这也是一种地方民族主义思想在作怪。因此，这一段历史很长时间被埋没了，最近二三十年才有人进行研究。

现在讲讲建州这个部族的发展变化。建州在过去叫女真，金朝就是女真族建立的，建州就是金的后代。为什么叫建州呢？因为他们居住的地区长白山一带就叫建州。后来努尔哈赤统治了东北，建立了政权，国号仍称为“后金”，到了他儿子的时候才改国号为“清”。建州在明朝初年的时候，还没有进入农业社会，还不知道种地，生产很落后，文化当然也很落后。那时他们靠什么生活呢？靠打猎、采人参过活，把兽皮、人参等一些奇特的物产跟汉人、朝鲜人交换他们所需要的布匹、铁锅一类的东西，所以建州人的经济生活跟汉人、朝鲜人分不开。后来由于人口的增加，对粮食的生产感到很迫切了，但是他们自己不会种，怎么办呢？找汉人、朝鲜人替他们种。于是通过战争把汉人、朝鲜人俘虏过去做他们的奴隶。有大量的汉文和朝鲜资料说明建州族的农业生产是农奴生产，建州贵族自己是不参加农业劳动的，农奴也不是他们本族人，而是俘虏来的汉人和朝鲜人。

他们通过以物换物的方法从汉人那里取得铁器。到了15世纪后期，他们俘虏了一些汉人铁匠，自己开始开矿、炼铁。有了铁器，生产水平提高了。到了努尔哈赤的时候，通过战争把原来的许多小部族统一起来，定居在辽阳以南一个叫赫图阿拉的地方。努尔哈赤一方面统一了东北的许多部族，另一方面他又用很大的力量来接受汉人的文化，在他左右有一批汉族的知识分子。他和过去的封建帝王一样，注意研究历史，接受历史上的经验教训，来制定他的政策方针和军事斗争方针。

上面简单地谈了一下建州的社会发展过程。现在我们来讲讲建州跟明朝的关系。在明朝初期，建州分为三种：分布在现在的松花江一带的叫海西女真，因为松花江原来的名字叫海西江；分布在长白山一带的叫建州女真，因为这些人主要居住在现在的依兰县，这个地方在历史上曾建立过一个国家，叫作“渤海国”，渤海国人把依兰县称为建州，因此住在这个地方的女真人称为建州女真；住在东方沿海一带的叫“野人女真”，“野人女真”的文化最落后。海西和建州又称为熟女真，“野人女真”又称为生女真。“野人女真”经常活动在忽剌温江一带，因此野人女真又称为忽剌温女真，也叫“扈伦”。从历史发展来看，熟女真是金的后代，生女真可能是另外一个种族。这三种女真分布的地区大致是这样：东边靠海，西边和蒙古接近，南边是朝鲜，北边是奴儿干（包括现在的库页岛）。在明朝建国以后，西边就是明朝，南边是朝鲜，北边是蒙古。

在明朝几百年间，东北建州族的历史也就是跟蒙古、朝鲜、明朝三方面发生关系的历史。明朝初期，有一部分建州族住在朝鲜境内，他们和朝鲜的关系很深，有一些酋长还由朝鲜政府封官。同时，这些酋长又和明朝发生关系，明朝也给他们封官号。明朝对这三种女真采取什么政策呢？采取分而治之的政策。所谓分而治之就是不让他们团结成为一个力量，老是保持若干个小的单位。所以从明太祖建国以后起，直到明成祖的几十年间，明朝经常派人到东北地区去，跟三种女真各个地区的酋长联系，封他们官，建立了一百多个卫所，用这些酋长充当卫所的指挥使。这样做对这些女真族的上层分子有没有好处呢？有好处，他们接受了明朝的官位以后，就得到了一种权力。明朝政府给他们一种许可证，当时叫作“勘合”，有了这种“勘合”就可以在每年一定的时候到明朝边界来做买卖，没有这个东西就不行。对那些大头头，明朝政府就封他们为都督。历史上最早的建州族领袖有这么几个人，一个叫猛哥帖木儿（这是蒙古名字，当时受蒙古的影响），另一个叫阿哈出。这两个人是首先跟明朝来往，受明朝政府封官的。猛哥帖木儿后来成为明朝所建立的建州左卫的酋长，阿哈出是建州卫的指挥使。根据朝鲜的历史记载，阿哈出和明成祖有过亲戚关系（这点在汉文的记载中没有）。永乐时代，明朝又派了大批官员到东北库页岛地区建立了一个机构，叫“奴儿干都司”。至此，明朝前前后后在东北地区建立了一百八十四个卫所。这些卫所建立以后，明朝政府有什么军事行动，譬如跟蒙古打仗，这些建州酋长就派兵参加明朝的军队。这样，他们慢慢由原住的地方往西移，越来越靠近辽东（就是现在的辽东半岛）。他们一方面跟明朝的关系很好，另一方面也经常发生矛盾。矛盾表现在两个方面：一方面是前面所说的，他们为取得农业和手工业生产的劳动力，就俘虏汉人，这样就引起了冲突；另一方面就是通商，物资上的交换得不到满足的时候，也发展成为军事冲突。同样，建州和朝鲜的关系也是如此，有和平时期，也有战争时期。

经过几十年以后，原来的一百八十四个单位发生了变化，有的小单位并到大单位里去了，单位的数目减少了，但是军事力量却强大起来。在这种情况下，建州族某些酋长有时就依靠朝鲜来抗拒明朝，有时又依靠明朝来抗拒朝鲜。结果，明朝政府便跟朝鲜政府商量，在1438年，两方面的军队合起来打建州，杀了一些建州领袖。建州因为遭受到这次损失，在原来的地方待不下去了，于是就搬到浑河流域，在赫图阿拉住下来。原来左右卫是分开的，到了这里以后，两个卫所合在一起了。这样，它的力量反而比过去更强大了。到了万历时代，右卫酋长王杲和他的儿子阿台跟明朝发生了冲突。当时明朝在东北的军事总指挥叫李成梁。他是朝鲜族人，是一个很有名的军事将领。他把王杲、阿台包围起来。右卫被包围了，而左卫酋长叫场和他的儿子塔失是依靠明朝的，他们给李成梁当向导。结果明朝的军队大举向右卫进攻，把王杲、阿台杀死了。同时把叫场、塔失也杀死了。塔失的儿子是谁呢？就是努尔哈赤，所以努尔哈赤以后起兵反对明朝时提出了七大恨，其中有一条就是明朝把他的父亲和祖父杀害了。

努尔哈赤在他父亲和祖父死时还很年轻，当时部族里剩下的人很少了，明朝后期的历史记载说李成梁把他收养下来，所以他从小就接受了汉族文化。长大以后，他就把自己部族的力量组织起来，他采取依靠明朝的方针，把建州族俘虏的汉人奴隶送回给明朝，这样便取得了明朝政府的信任。1587年，他以自己的军事力量把附近地区的部族吞并了。1589年被明朝封为都督，力量得到了发展。这个时候，建州部族里面另外两支强大的军事力量发生冲突和残杀，努尔哈赤就利用这次冲突来发展自己的实力。日本侵略朝鲜的时候，他表示愿意帮助明朝打日本，结果明朝和朝鲜都拒绝了他。1595年，明朝政府封努尔哈赤为龙虎将军，他成了东北地区军事实力最强大的领袖。

正当努尔哈赤的力量越来越强大的时候，明朝政府内部发生了许多问题。1589年，播州土司起兵反抗明朝，打了十几年的仗。1592年在现在的宁夏地区，少数民族的反抗又引起了战争，同一年丰臣秀吉侵入朝鲜，接连打了七年仗。在这样的情况下，明朝自己的问题很多，就顾不上努尔哈赤了。努尔哈赤利用这个机会更加积极地发展自己的力量，统一各个部族。他统一的方法有两个：一个方法是用军事力量征服；另一个方法是通婚，通过婚姻关系把许多部族组织起来。到了1615年，东北辽东半岛以东的大部分地区已经被努尔哈赤所统一了。军事力量壮大以后，他建立了自己的军事制度。1600年，他规定三百人组成一个牛录（大箭的意思），1615年又进一步把五个牛录组成为一个甲喇，五个甲喇组成为一个固山。他一共有四个固山，每一个固山有一面旗，分为红、黄、蓝、白四个旗，共有三万兵力。后来军事力量更加强了，俘虏的人更多了，于是又增加了四个旗，就是镶红旗、镶黄旗、镶蓝旗、镶白旗，一共为八个旗。后来征服了蒙古族，组成为蒙古八旗，再后来又把俘虏的汉人组成为汉军八旗。他的军事组织跟生产组织是统一的，每一个牛录（三百人）要出十人、四头牛来种地，每家要生产一些工艺品。1659年开始开金矿、银矿，并建立了冶铁手工业。这一年他创造了文字，用蒙古文字和建州语创造了一种新的文字，这种文字后来就成为老满文，加上标点就变成新满文。1616年（万历四十四年），努尔哈赤自称为皇帝，国号“后金”，年号“天命”，他认为他的一切都是上天的指示。他这个家族自己搞了一个姓，叫“爱新觉罗”。爱新觉罗是什么意思呢？在建州话里，爱新是金，觉罗是族，就是金族。用这个来团结组织东北女真族的力量。从他的国号和姓就说明他是继承金的。两年以后，他出兵攻打明朝。以上讲的就是努尔哈赤以前东北建州的具体情况，这些情况说明什么呢？

（1）建州这个部族并不是像清朝的史书上所记载的那样，是从努尔哈赤才开始的。而是从明朝初年起，建州族就在东北地区活动。

（2）建州族和明朝、蒙古、朝鲜三方面都有关系。可以明显地看出，猛哥帖木儿就是蒙古名字。汉人、蒙古、朝鲜的文化对它都有影响。它接受了这几方面的东西提高了自己。

（3）明朝对东北女真族的政策是分而治之，但这个政策后来失败了。女真各部要求团结，从生活和文化的提高来说，从加强军事力量来说，都需要团结在一起。尽管中间遭到一些挫折，但是并不能阻止三种女真的团结。努尔哈赤一生的活动主要是为了实现这个愿望，他统一了东北许多部族。统一是好事还是坏事呢？应该说是好事情，不是坏事。努尔哈赤统一东北的各个部族，在民族发展的历史上是有贡献的。

（4）东北建州部族社会发展的过程是：初期过着游牧生活，不善于耕种。后来俘虏汉人、朝鲜人去耕种，有了农业生产；同时也懂得了使用铁器、生产铁器，初步提高了自己的生活水平和生产水平。努尔哈赤取得了沈阳、辽阳以后，封建化的过程加快了，在很大的程度上接受了汉人的文化和生产方式。但是必须了解，建州族在其发展过程中是有自己的特点的。上面所说的八旗，表面上是军事组织，实际上是社会组织和生产组织，这三者是统一的。八旗军队在出去打仗的时候，明确规定俘虏到的人口和物资应该拿出一部分交给公家，剩下的才归自己。在努尔哈赤时代，八旗的头子还都有很大的权力，许多事情都要经过他们共同商量，取得他们的同意后才能做出决定。这种情况一直到努尔哈赤的儿子清太宗的时候才改变，才提高了皇帝的地位，而把八旗首领的地位降低了。

最后讲讲“满洲”这个名字的来源问题。这个名字到底是从什么地方来的？现在还没有完全解决。根据明朝的历史记载，在清太宗以前从来没有出现过“满洲”这个名字。一直到清太宗时才称“满洲”，后来又称为“满族”。在外国的地图上把中国的东北叫满洲，后来我们自己也跟着外国人这样叫。现在可能的解释是：建州族信仰佛教，佛教里有一个佛叫作“文殊”，满族人把文殊念作“满住”。1348年明朝跟朝鲜合起来打建州，很多建州人被杀，其中有一个领袖就叫李满住（女真族里有不少人叫满住，用宗教上的名辞作为自己的名字）。可能满洲就是从满住演变而来的，从“文殊”演变为“满住”，又从“满住”演变为满洲，这是一个试探性的解释，还不能说是科学的结论，其他方面的材料还没有。因此，究竟为什么叫满洲，现在还不能下最后的结论。

以上我们介绍了建州的一些情况。我们对待汉族和满族的关系，也应该像对待汉族和蒙古族的关系一样。在明朝，汉族和满族之间是打过仗，但是更多的时候是不打仗的。清太宗改国号为清，到清世祖顺治（1644）入关，正式建立了清朝。清朝统治中国二百多年，它是中国历史上最后的一个王朝。清朝末年一些革命党人进行反满斗争，出了不少的书，宣传清朝的黑暗统治，宣传反满。这在那个时期是必要的，可是经过几十年，到了现在我们如果还是这样来对待满族就不应该了。我们是多民族的国家，各个民族一律平等。一方面要承认清朝进行过多次非正义的战争，有过黑暗统治；另一方面也要承认清朝统治的二百多年并不都是黑暗时代，其中有一个时期的历史是很辉煌的。譬如像康熙、乾隆时代就是清朝的全盛时代，这个时代不但巩固了国家的统一，而且有所发展。我们中国今天的疆域是什么时候造成的？是康熙、乾隆时代奠定的。我们继承了他们的遗产，所以毛主席说："今天的中国是历史的中国的一个发展……我们不应当割断历史。"我们对清朝的历史必须要有足够的估价，对康熙、乾隆巩固国家的统一、发展国家的统一也要有足够的估价，应该给它以应有的尊重，不但对历史应该给予应有的尊重，今天在民族关系上也应该注意这点。解放以后，中央曾经发出过这样的指示，就是满清两个字不要连用。清朝就是清朝，满族就是满族，要把清朝统治者和广大的满族人民区别开，并不是所有的满族人都是清朝的统治者，满族人民在清朝统治下同样是受剥削、受压迫的。至于清朝统治者，他们做过坏事，但是在有些事情上也做过好事，而且做了很大的好事，应该从历史事实出发，好就是好，不好就是不好。

几个问题

现在讲第二部分，这一部分包括两个问题：郑和下西洋的问题；资本主义萌芽问题。

郑和（三宝太监）下西洋

首先说明西洋是指什么地方。明朝时候把现在的南洋地区统称为东洋和西洋。西洋指的是现在的印度支那半岛、马来半岛、印度尼西亚、婆罗洲等地区；东洋指的菲律宾、日本等地区。在元朝以前已经有了东、西洋之分，为什么有这样的分法呢？因为当时在海上航行要靠针路（指南针），针路分东洋指针和西洋指针，因此在地理名词上就有“东洋”和“西洋”。郑和下西洋指的是什么地方呢？主要是指现在的南洋群岛。

中国人到南洋去的历史很早，并不是从郑和开始的。远在公元以前，秦朝的政治力量已经达到现在的越南地区。到了汉武帝的时候，现在的南洋群岛许多地区已经同汉朝有很多往来。这种往来分两类：一类是官方的，即政府派遣的商船队；一类是民间的商人。可是像郑和这样由国家派遣的船队，一次出去几万人、几十条大船（这些船是当时世界上最大的船，也就是当时世界上最大的海军），不但到了现在南洋群岛的主要国家，而且一直到了非洲。其规模之大、人数之多、范围之广，是历史上前所未有的；就是明朝以后也没有。这样大规模的航海，在当时世界历史上也没有过。郑和下西洋比哥伦布发现新大陆早八十七年，比迪亚士发现好望角早八十三年，比达·伽马发现新航路早九十三年，比麦哲伦到达菲律宾早一百一十六年，比世界上所有著名的航海家的航海活动都早。可以说郑和是历史上最早的、最伟大的、最有成绩的航海家。

问题是为什么在15世纪的前期中国能派出这样大规模的航海舰队，而不是别的时候？这个问题历史记载上有一种说法，说郑和下西洋仅仅是为了寻找建文帝的下落。这种说法是不正确的。上次我们讲到，明成祖从北京打到南京，夺取了他的侄子建文帝的帝位。建文帝是明太祖的孙子，他做了皇帝以后，听信了齐泰、黄子澄等人的意见，要把他的一些叔叔——明太祖封的亲王的力量消灭掉，以加强中央集权。他解除了一些亲王的军事权力，有的被关起来，有的被废为庶人，于是燕王便起兵反抗，打了几年，最后打到南京。历史记载说燕王军队打到南京后，“宫中火起，帝不知所终”。“帝不知所终”这句话是经过了认真研究的，因为当时宫里起了火，把宫里的人都烧死了，烧死的尸首分不清到底是谁，于是就产生了建文帝到底死了没有的疑案。假如没有死，他跑出去了的话，那么，他就有可能重新组织军队来推翻明成祖的统治，从当时全国的形势来看是存在这个问题的，因为建文帝是继承他祖父明太祖的，全国各个地方都服从他的指挥。明成祖虽然在军事上取得了胜利，但是并没有把建文帝的整个军事力量摧毁，他的军事力量只是在今天从北京到南京的铁路沿线上，其他地方还是建文帝原来的势力。因此，明成祖就得考虑建文帝到底还在不在？如果是逃出去了，又逃到了什么地方？他得想办法把建文帝逮住，于是他派了礼部尚书（相当于现在的内务部长）胡濙，名义上是到全国各地去找神仙（当时传说有一个神仙叫张三丰），实际上是去寻找建文帝，前后找了二三十年。《明史·胡濙传》说胡濙每次找了回来都向明成祖报告，最后一次向皇帝报告时，成祖正在军中，胡濙讲的什么别人都听不到，只见他讲了以后明成祖很高兴。历史家们认为，最后这一次报告，可能是说建文帝已经死了。另外，明成祖又怕建文帝不在国内，跑到国外去了，所以他在派郑和下西洋的时候，要郑和在国外也留心这件事。这是可能的，但这不是郑和下西洋的主要目的，郑和下西洋主要是由于经济上的原因。

这里插一个问题，讲讲明成祖和建文帝之间的斗争说明了什么问题。明成祖以后的各代对建文帝的下落一事也非常重视。万历皇帝就曾经同他的老师谈起这个问题，问建文帝到底到哪里去了，为什么经过一百多年还搞不清楚。当时出现了很多有关建文帝的书，这些书讲建文帝是怎么逃出南京的，经过些什么地方，逃到了什么地方。有的书说他到了云南，当了和尚；跟他一起逃走的那些人也都当了和尚。诸如此类的传说越来越多。此外，记载建文帝事迹的书也越来越多。这说明什么问题呢？说明一个政治问题。建文帝在位期间，改变了他祖父明太祖的一些做法，他认为明太祖所定下来的一些制度，现在经过了几十年，应该改变。当时建文帝周围的一些人都是些儒生，缺乏实际斗争经验，他们自己出的一些办法也并不高明。尽管如此，建文帝的这种举动还是得到了不少人的支持，但是明成祖起兵反对他。在明成祖看来，明太祖所规定的一切制度都是尽善尽美的，他不容许建文帝改变祖先的东西。因此，明成祖和建文帝之间的斗争就是保持还是改变明太祖所定的旧制度的斗争，在这个斗争中建文帝失败了。明成祖做了皇帝以后，把建文帝改变了的一些东西又全部恢复过来，一直到明朝灭亡，二百多年都没有变动。

在这种情况下，有不少的知识分子对明成祖的政治感到不满，不满意他的统治。他们通过什么方式来表达这种不满呢？公开反对不行，于是通过对建文帝的怀念来表达。他们肯定建文帝，赞扬建文帝。实际上就是反对明成祖。因此，关于建文帝的传说就越来越多了。现在我们到四川、云南这些地方旅行，到处可以发现所谓建文帝的遗址。这里有一个庙说是建文帝住过的，那里有一个寺院，里头有几棵树，说是建文帝栽的。有没有这样的事情呢？没有。明末清初有个文人叫钱谦益（这个人政治上很糟糕）写了文章专门研究这个问题。当时许多书上都说：当南京被燕兵包围时，城门打不开，建文帝便剃了头发，跟着几个随从的人从下水道的水门跑出去了。钱谦益说这靠不住，南京下水道的水门根本不能通出城去。他当时做南京礼部尚书，宫殿里的情况是很熟悉的。此外，还有很多不合事实的传说，他都逐条驳斥了。最后他做了这样的解释，假如建文帝真的跑出去了，当时明成祖所统治的地区只是从北京到南京的交通线附近，只要建文帝一号召，全国各地都会响应他，他还可以继续进行斗争，但结果没有这样。这就可以得出一个结论：建文帝是死在宫里了。但当时不能肯定，万一他跑了怎么办？所以就派人去找。我认为这样解释比较说得通。

现在我们继续讲郑和下西洋的问题。如果说郑和下西洋的主要目的是为了找建文帝，那是不合事实的；但也不能说完全没有这方面的动机。因为当时的怀疑不能解决，通过他出去访问，让他注意这个问题是可能的。那么，郑和下西洋的主要目的到底是什么呢？这就是上次所说的，是国内经济发展的必然结果。经过1348年到1368年二十年的战争，经济上受到了很大的破坏。但是经过洪武时期采取的恢复生产、发展生产的措施以后，人口增加了，耕地面积扩大了，粮食、棉花、油料的产量都提高了，人民的生活有了改善，政府的财政税收比以前多了。随之而来，对国外物资的需要也增加了。这种对国外物资需要的增加主要在两个方面，一方面是人民日常生活所需要的物资，主要是香料、染料。香料主要是用在饮食方面做调料，就是把菜做得更好一些，或者使某种菜能收藏得更久，像胡椒就是人民所需要的东西。胡椒从哪里来呢？是从印度来的，一直到现在还是如此。还有其他许多香料也大多是从南洋各岛来的，在南洋有个香料岛，专门出产香料。另一种是染料，为什么对染料的需要这样迫切呢？明朝以前，我们的祖先常用的染料都是草木染料，譬如蓝色是草蓝，或者是矿物染料。这样的染料一方面价钱贵，另一方面又容易褪色，进口染料就可以解决这些问题。朝鲜族喜欢穿白衣服，我们国内有些人也喜欢穿白衣服，为什么？原因很简单，因为买不起染料。封建社会里，皇帝穿黄衣服，最高级的官穿红衣服，再下一级的官穿紫衣服、穿蓝衣服，最下等的穿绿衣服。为什么用衣服的颜色来区别呢？也很简单，染料贵，老百姓买不起染料，只好穿白衣服。所以古人说“白衣”“白丁”，指的是平民。这些封建礼节都是由物质基础决定的，因此就有向国外去寻找染料的要求。这是一方面，是人民的日常生活所需要的。另外一方面是毫无意义的消费品，主要是珠宝，这是专门供贵族社会特别是宫廷里享受的。有一种宝石叫“猫儿眼”，还有一种叫“祖母绿”，过去谁也不知道是什么样子，只知道是宝石，最近我们在万历皇帝的定陵里发现了这两种东西，这些东西都是从外国买来的。除了珠宝以外，还有一些珍禽异兽，当时的人把一种兽叫作麒麟，实际上就是动物园里的长颈鹿。与对外物资需要增加的同时，由于国内经济的发展，一些可供出口的物资，如绸缎、瓷器（主要是江西瓷，其他地区也有一些）、铁器（主要是生产工具）的产量也增加了。

除了经济上的条件以外，还有一个很重要的条件，就是当时中国对外的航海通商已有悠久的历史。从秦朝开始，经过唐朝、南宋到元朝，在这个漫长的时期内，政府的商船队、私人的商船队不断出去。有些私人商船队发了财。到了明朝，由于长期的积累，已经具备了丰富的航海知识和有经验的航海人员。有了这些条件，就出现了从明成祖永乐三年（1405）到他的孙子明宣宗宣德五年（1433）三十年之间以郑和为首的七次下西洋的事迹。

郑和出去坐的船叫作“宝船”，政府专门设立了制造宝船的机构。这种船有多大呢？大船长四十丈，宽十八丈；中船长三十七丈，宽十五丈。当时在全世界再没有比这更大的船了。一条船可以载多少人呢？根据第一次派出的人数来计算，平均每条船可以坐四百五十人。每次出去多少人呢？有人数最多的军队，此外还有水手、翻译、会计、修船工人、医生等，平均每次出去二万七八千人。这样的规模是了不起的，后来的哥伦布、麦哲伦航海每次不过三四只船，百把人，是不能和这相比的。谁来带领这么多人的航海队呢？明朝政府选择了郑和，因为郑和很勇敢，很有能力。同时，当时南洋的许多国家都是信仰回教的，而郑和也是个回教徒（但他同时也信仰佛教），他的祖父和父亲都曾经朝拜过麦加。回教徒一生最大的愿望就是到麦加去磕一个头，凡是去过麦加的人就称为哈只。选派这样的回教徒到信仰回教的地方去就可以减少隔阂，好办事。在郑和带去的翻译里面也有一些人是回教徒，这些人后来写了一些书，把当时访问的一些国家的情况记载了下来，这些书有的流传到现在。有人问：郑和是云南人，他怎么成了明成祖部下的大官呢？这很简单，洪武十四年的时候，明太祖派兵打云南，把元朝在云南的残余势力打败了，取得了云南。在战争中俘虏了一些人，郑和就是在这次战争中被俘虏的，他当时还是一个小孩，后来让他做太监，分给了明成祖。他跟明成祖出去打仗时，表现很勇敢，取得了明成祖的信任，因此明成祖让他担负了到南洋各国去访问的任务。

他们第一次出去坐了六十二艘大船，带了很多军队。这里发生了这样的问题：他们既然是到外国去通商、去访问，为什么要带这么多军队？这是因为当时从中国去南洋群岛的航线上有海盗，这些海盗不但抢劫中国商船，而且别的国家到我们这里来做买卖的商船也抢。郑和用强大的军事力量把海盗消灭了，这样就保证了航路的畅通。另外，为了防止外国来侵犯他们，也需要带足够的军事力量。郑和到锡兰的时候，锡兰国王看到中国商船队的物资很多，他就抢劫这些物资，结果郑和把他打败了，并把他俘虏到北京，后来明朝政府又把他放回去，告诉他，只要你今后不再当强盗就行了。可见为了航行的安全，郑和带军队去是必要的。郑和率领的军事力量虽然很强大，用现在的话来说，他带去了好几个师的军队，而当时南洋没有一个地区有这样强大的军事力量，但是郑和的军队只是用于防卫的。他所进行的是和平通商，尽管当时有这样的力量，这样的可能，但是没有占领别人的一寸土地。后来，比郑和晚一百年的西方人到东方来就不同了，他们一手拿商品，一手拿宝剑，把所到的地方都变成他们的殖民地，如葡萄牙人到了南洋以后就占领了南洋的一些岛屿。当然，在我们的历史上个别的时候也有占领别人土地的事情，但总的来说，我们国家不是好侵略的国家，我们国家没有占领别国的领土，这和西方资本主义国家有本质的不同。根据当时保留下来的记载，可以看出郑和和南洋各国所进行的贸易是平等的，而不是强加于人的。交易双方公平议价，有些书上记载得很具体，说双方把手伸到袖子里摸手指头议价，现在我们国内有些地方还用这种办法。郑和所到的地区都有中国的侨民，有开矿的，有做工的，有做买卖的，各方面的人都有，有的地方甚至是以华侨为中心，华侨在经济上占主导地位，因此郑和每到一个地方都受到欢迎。

郑和每到一个国家，除了把自己带去的大量商品卖给他们外，也从这些国家带一些商品到中国来。从第一次出去以后，他就选择了南洋群岛的一个岛屿作为根据地，贮积很多货物，以此地为中心，分派商船到各地贸易等，各分遣船队都回到此地后，再一同回国。在前后不到三十年的时间中，印度洋沿岸地区他都走到了，最远到达了红海口的亚丁和非洲的木骨都束。木骨都束是索马里的首都，现在叫作摩加迪沙。摩加迪沙的市长访问北京的时候，我们对他讲：我们的国家五六百年前就有人访问过你们。他听了很高兴。

通过郑和七次下西洋，中国和南洋的航路畅通了，对外贸易大大地发展了，出国的华侨也就更多了。通过这几十年的对外接触，中国跟南洋这些地区的关系越来越深，来往也越来越多。由于华侨的活动以及中国的先进的生产工具传入这些国家，南洋地区的生产也越来越进步。所以，郑和下西洋的历史事实说明，我们这个国家有这样一个很好的传统，就是不去侵略人家。正因为这样，直到现在，尽管时间过去了五六百年，但是郑和到过的国家，很多地方都有纪念他的历史遗址，因为郑和叫三宝太监，所以很多地方都用三宝来命名。像郑和下西洋这样的事以往历史上是没有的，明朝以后也没有，这是明朝历史上一件很突出的事情。

现在要问：郑和第七次下西洋以后，为什么不去第八次呢？这里有客观的原因，也有主观的原因。客观原因是八十多年以后，欧洲人到东方来进行殖民活动，阻碍了中国和南洋诸国的往来。主观的原因有这几方面：第一，政治上的原因。明成祖死了以后，他的儿子做皇帝，这个短命皇帝很快又死了，再传给下一代，这就是宣宗。宣宗做皇帝时还是个八九岁的小孩，不懂事，于是宫廷里便由他的祖母当权，政府则由三杨（杨士奇、杨荣、杨溥）掌握。三杨在朝廷里当了二三十年的机要秘书，三个老头加上一个老太太掌握国家大权，这些人和明成祖不一样。明成祖有远大的眼光，他们却认为他多事，你派这么多人出去干什么，家里又不是没吃的、没喝的。不过明成祖在世时他们不敢反对，明成祖一死，他们当了家，就不准派人出去了。第二，组织这样的商队需要一个能代替郑和的人，因为郑和这时已经六十多岁，不能再出去了。第三，经济上的原因。从外国进口的物资都是消费物资，不能进行再生产。无论是香料还是染料，都是消费品，珠宝就更不用说了，更是毫无意义的东西。以我们的有用的丝绸、铁器、瓷器来换取珠宝，这样做划不来。虽然能解决沿海一些人的生活问题，但是好处不大，国家开支太多。所以，为了节约国家的财政开支，后来就不派遣商队出国了。正当明朝停止派船出国的时候，欧洲人占领了南洋的香料岛，葡萄牙人占领了我们的澳门。他们是用欺骗手段占领澳门的，开头他们向明朝的地方官说：他们的商船经常到这个地方来，遇到风浪把货物打湿了，要租个地方晒晒货物。最初还给租钱，后来就不给了，慢慢地侵占了这个地方，一直到现在还占领着。

从欧洲人到东方来占领殖民地以后，中国的形势就改变了。经过清朝几百年，特别是鸦片战争以后，许多帝国主义国家从几个方面包围中国：印度被英国占领了，缅甸被英国占领了，越南被法国占领了，菲律宾先被西班牙占领，后又被美国占领了，东方的日本走上了资本主义道路，向外进行侵略扩张活动。所以近百年的中国，四面被资本主义国家和帝国主义国家所包围，再加上清朝政府的日益腐败，就使中国逐步变成了半殖民地、半封建的国家，进入了半封建、半殖民地的社会。

资本主义萌芽问题

关于资本主义萌芽问题，现在学术界还在争论，有许多不同的意见。有的人认为资本主义萌芽很早，有的人认为很晚，所提供的史料的时间性都很不肯定，从8世纪到16、17世纪都有。特别是关于《红楼梦》的社会背景的讨论展开以后更是如此。是在什么情况下产生了《红楼梦》这部作品呢？它的社会基础是什么？《红楼梦》中的贾宝玉反对科举、尊重妇女的思想是从哪里来的？他骂念书人，骂那些举人、秀才都是禄蠹，说女孩子是水做的，男人是泥做的，这样的思想认识是在什么情况下发生的？对于这一系列的问题提出了各种不同的看法，各有各的论据，而且关于“萌芽”这个词的意义也有不同的理解。比如种树，种子种下去以后，慢慢地露出了头，这叫萌芽；又如泡豆芽菜，把豆子放在水里，长出一点东西，这也叫萌芽。既然只是萌芽，它就不是已经成熟了的东西，还只是那么一点点，假如是整棵的菜，那就不是萌芽，至于开了花、结了果的东西就更不是萌芽了，所以要把这些情况区别开。可是现在某些讨论中存在有这样的问题：将萌芽看成是已经开花结果的东西。这实际上就不是资本主义萌芽，而是资本主义的成熟阶段了，还有人认为中国资本主义早已经成熟了，中国社会早已经进入了资本主义社会。这样一来就发生了一系列的大问题：中国既然早已进入资本主义社会，那么，怎么解释1840年以后中国进入了半殖民地半封建的社会？一百年来我们反对封建主义、反对帝国主义的问题怎么解释？

关于这个问题，我自己有些看法，也不一定成熟，提出来大家讨论。我想，要说明某个时期有某个事物萌芽，必须要有一个界限。这个界限是什么呢？就是要具体地指出一些事实，这些事实是以往的时期所不可能发生和没有发生过的，只有到了这个时候才能发生的。没有这个界限就会把历史一般化了，试问：这个时期发生过，一百年以前发生过，五百年以前也发生过，这怎么能说明问题？而且这些新发生的东西不应该是个别的。仅仅只在某个时期、某个地区出现的个别的东西能不能说明问题呢？不能说明问题。因为我们的国家这样大，经济发展不平衡，有先进的，有落后的，沿海和内地不同，平原和山区也不同。不要说别的地方，就说北京吧，全市面积有17000平方千米，市内和郊区就不同，因此，个别时期所发生的个别的事情也会有所不同。所以作为一个事物的萌芽，必须是这个东西过去没有发生过，现在发生了，而且不是个别的，只有这样看才比较科学。现在我们根据这个精神来看资本主义萌芽问题。我想把问题局限在14世纪到16世纪所发生的主要事件上面，特别是16世纪中叶这个明朝人自己已感觉到发生巨大变化的时期，着重提出那些在这时期以前所没有发生，或虽已发生而很不显著，这个时期以后成为比较普遍、比较显著的一些问题。

第一，关于手工工场。在明朝初年的时候，有一个人叫徐一夔，他写了一本书叫《始丰稿》，这本书里面有一篇文章叫《织工对》。这篇文章讲到元末明初，在浙江杭州地方有许多手工业纺织工场，这些纺织工场的经营方式是怎样的呢？有若干间房子和若干部织机，工人都是雇工，他们不占有生产工具。生产工具是谁的呢？是工场老板的。老板出房子、出机器、出原料，工人出劳动力；工人在劳动以后可以取得若干计日工资，工资随着工人的技术熟练程度不同而有高有低，其中有一些技术水平比较高的，可以得到比一般工人加倍的工资，假如这家工场不能满足他的要求，别的工场可以拿更高的工资把他请去；劳动强度很高，工人弄得面黄肌瘦。这是元末明初（14世纪）的情况，当时这样的工场在杭州不止一个。但是能不能说在14世纪时就已经普遍地有了资本主义萌芽呢？因为只有这一个地区的资料，我看不能。但是从这里可以看出，在14世纪中期，个别地区已经有了这样相当大的手工工场，老板通过这样的生产手段来剥削雇佣工人的历史事实。这说明当时已经有一部分农村劳动力转化为城市雇佣劳动者，这种情况在14世纪以前是没有的。

第二，新的商业城市兴起。在讨论中有不少文章笼统地提到明朝有南京、北京、苏州等三十三个新的商业城市，来说明这个时期商业的发展。有三十三个商业城市是不错的，但是时间有问题，因为并不是整个明朝都是这样的情况。事实上，这些城市之成为商业城市是在明成祖以后。明成祖建都北京后，为了解决粮食的运输问题，把运河挖深、加宽了。这样，通过水运不仅保证了粮食的运输，其他商品的运输也畅通了，因而促进了南北物资的交流。这样，到了宣宗（15世纪中期）时期，沿运河一带的许多城市开始繁荣起来。这时候，由于农业、手工业的发展，国内市场扩大了。这是一方面。另一方面，当时为了保证货物的流通，沿长江、运河及布政使司所在地建立了三十三个钞关。明朝用的货币叫宝钞（纸币），关于纸币的情况这里不能详细说了，只说明一条，明朝的纸币很不合理，它不兑现，开头拿一张钞票还能换到一些物资，后来就不行了。政府只发钞票，越发越多，超过了实际物资的几百倍，在这种情况下，钞票就贬值了。明朝政府为了提高钞票的信用，采取收回钞票的政策。怎样收回呢？其中一个办法就是增加税额。因此，就在各个商业城市设立了一个机构，叫作“钞关”，一共设立了三十三个钞关。钞关干什么呢？就是向往来的货物收税，纳税时就用钞票交纳。钞关设在商业城市，有三十三个钞关就有三十三个商业城市，这是不错的，但有些人就根据这个数字说整个明朝只有三十三个商业城市，这就不确切了。因为设立钞关是明宣宗时候的事情，宣宗以前没有，而就商业城市来说，在明成祖的时候就不止三十三个，后来又有所增加。因此，不标明确切的时间，以一个时期的情况来概括整个明朝，是不符合当时存在的客观事实的。随着商业城市的增加，商人、手工业工人也增加了，这就形成了一个市民阶层（这个阶层主要是指手工业者、中小商人），这些人为了保卫他们自己的利益，建立了很多行会，有事情共同商量，采取一致的行动，在这种情况下就发生了明朝末年的市民暴动。这里应该指出，所谓“市民”这个概念不能乱用，有些人把当时的进士、举人、秀才等官僚都算作市民，这就模糊了阶级界限，这些人都是当时的统治者，不是被统治者。把市民阶层扩大化，混淆统治者与被统治者之间的界限，这是不对的。

第三，倭寇、葡萄牙海盗和沿海通商问题。明朝中叶，以朱纨为中心的一派人反对对外通商，对海盗采取镇压的政策，因而引起沿海地主阶级的反对，形成一个政治上的斗争，在这个斗争中，朱纨最后失败了。这种性质的斗争在以往的历史上是从来没有过的。汉朝、唐朝、宋朝、元朝都有过对外通商，有时还很繁盛，大量的中国人到海外去经商；不但如此，国内有不少地方还住有许多外国商人。在唐朝的时候，广州就有数量众多的蕃商，其中主要是阿拉伯人，他们住的地方叫蕃坊，其他如扬州、长安等地方也住了不少的外国商人，对外通商也很频繁。但是像明朝那样，代表通商利益的官僚地主在政治上形成一种力量，和内地一些反对通商的地主进行斗争，这种斗争并影响到政府的政策，这种情况却是以往的历史上所没有的。为什么明朝会出现这种新的情况呢？因为明朝国内、国外的市场日益扩大，商业资本日益发展，商人地主在政府里有了自己的代言人。商人地主在政治上有了地位，这在历史上是个新问题。关于这个问题，近年来也有人持不同的意见。北京大学有个学生写了一篇文章，说朱纨镇压海盗是爱国的行为。朱纨是个爱国者，这观点是没有问题的，朱纨确实是爱国者，可是不能拿这个来否认当时在政治上存在着的不同意见。当时已经出现了代表沿海通商地主利益的政治活动家，这和朱纨是否爱国是两回事。我们并没有说朱纨不爱国，这点不必争论，问题在于这个时期出现了两种不同的意见，一种意见主张通商，一种意见反对通商，这是历史事实，是过去所没有的。

第四，内地的某些官僚地主也参加商业活动和经营手工工场。这方面的例子很多，大家所熟悉的《游龙戏凤》中的正德皇帝（明武宗），他就开了许多皇店，这是16世纪初期的事情。嘉靖时有个贵族叫郭勋（《三国演义》最早的刻本是他搞的），在北京开了许多店铺，另外有个外戚叫周瑛，在河西务开店肆做买卖。现在这个地方已经很萧条了，可是在明朝的时候，由于南方的粮食、物资运到北方来都要经过这里，因此是个很繁华的地方。这样的例子举不胜举。在地方上，明朝四品以上的官到处经商。四品有多大呢？知府就是四品，知县是七品。原来明朝有一条规定，禁止四品以上的官员做买卖。但是行不通，事实上官做得越大，买卖也做得越多越大，特别是像苏州这样的地方，很多退休官员开各种各样的铺子，有的发了大财，成了百万富翁。官员经商过去也有，但是在明初还多半是武官，到了明朝中叶这种情况就改变了，不但武官经商，文官也经商；不但小官经商，大官也经商；不但经商，而且还经营手工工场。华亭人徐阶做宰相时，“家中多蓄织妇，岁计所织，与市为贾”，这种现象也是过去没有过的。过去的官僚认为做买卖有失身份，社会上看不起，士、农、工、商，商放在最后，孟子就骂商人是“垄断”，认为他们不花劳动，出卖别人生产的东西从中取利，是不道德的事情，有身份的人不干这种事。汉朝以来，各个历史时期都曾不同程度地实行过重农抑商的政策，当时社会上一般是看不起商人的，当然也有个别地区有个别例外的情况。但是到16世纪以后，这种看法就改变了，不只武官，就连皇帝、贵族、官僚都抢着做买卖，商人的社会地位也提高了。

第五，当时的人对这个时期社会情况变化的总结。16世纪中期社会经济情况发生的变化，明朝人看得很清楚，有不少人就各方面变化的情况做出了总结。

首先，从社会风俗方面来说，明朝人认为嘉靖以前和嘉靖以后是两个显著不同的时代，有不少著书的人指出了正德、嘉靖以后社会风俗的变化。在嘉靖以前，妇女的服装很朴素，嘉靖以后变了，很华丽，讲究漂亮了。宴会请客，原来一般是四碗菜一碗汤，后来变成六碗、八碗，以至十二碗、十六碗菜。山东《郓城县志》记载在嘉靖以前老百姓很朴素、很老实，嘉靖以后变了，讲排场了，普通老百姓穿衣服向官僚看齐，向知识分子看齐，穷人饭都吃不上，找人家借点钱也要讲排场。总之，从吃饭、娱乐到家庭用具都不像过去了。这个时候，看到一些老实、朴素的人，大家认为不好，耻笑他。《博平县志》讲嘉靖以后过去好的风气没有了，过去乡村里没有酒店，也没有游民，嘉靖中期以后变了，到处都有酒店，二流子很多。当时有一种风气，一个人有名，有字，还要起别号，嘉靖皇帝就有很多别号，不但知识分子起别号，就连乞丐也有别号。

其次，在文化娱乐方面，嘉靖以前唱的歌曲主要是北曲，嘉靖以后南曲流行了，而且唱的歌词主要是讲男女恋爱的。嘉靖以前不大讲究园亭建筑，嘉靖以后，到处修假山、建花园，光南京就有园亭一百多所，苏州有好几十所，北方就更多了，清华园这些地方都是过去的园亭。明朝前期有一条规定，官员禁止嫖娼妓，嘉靖以后，这个纪律不生效了，文人捧妓女成为风气，为她们写诗、写文章，甚至选妓女为状元、榜眼、探花。戏剧方面，过去只有男戏，嘉靖以后就有女戏了，很多做过大官的人写剧本，像《牡丹亭》的作者汤显祖就是一个官。元曲的作者没有一个是高级官员，都是一些下层社会的人，有的在衙门里当一个小办事员，有的做医生；可是明朝戏曲的作者，大部分都是举人、进士，有些还是高级官员。明朝后期盛行赌博，官吏、士人以不会赌博、打纸牌为耻。

最后，从政治方面来看，《明史·循吏传》序提到嘉靖以前一百多年，一方面休养生息，发展生产；另一方面政治上比较清明，好官比较多。譬如大家知道的《十五贯》里面有个况钟，连做十几年的苏州知府，是个好官，另外一个周忱也是个好官，他做苏州巡抚二十一年，在《十五贯》里被刻画坏了，这是不对的。此外，像于谦连做河南、山西巡抚十九年。嘉靖以前，有好些巡抚连任几年甚至十几年的，这是明朝后期所没有的情况，明朝后期好官就少了。做官讲资格，一讲资格就坏事了，只要活的长就可以做大官；相反，真正能给老百姓做点事情的人就到处碰壁。像海瑞就是这样，到处遭到大地主阶级的反对，办不了好事情。明朝后期有个知识分子陈帮彦对吏治的这种变化做了总结，他说：在嘉靖以前，做官的人还讲个名节，做官回到家里，人家问他赚多少钱，他要生气；嘉靖以后发生了根本性的变化，做官等于做买卖，计较做这个官赚钱多还是赚钱少，在这个地方做官赚钱多，另外换一个赚钱少的地方就不愿意去。到富庶的地方去做官，亲友设宴庆贺；如果到穷地方去，大家就叹息。做官和发财联起来了，念书是为了做官，做官是为了发财。当时升官是凭什么呢？一个是凭资格，一个是凭贿赂，当时叫“送礼”。地方官三年期满要进京，朝廷要考核他的成绩，这时就是他“送礼”的时候了，送了礼就可以升官。所谓送上黄米、白米若干担，即指黄金、白银若干两，后来改为送书若干册，书的后面附上金子、银子，叫作“书帕”。所以明朝后期的地方官上任以后先刻书。但是他们又没有什么学问，于是粗制滥造，乱抄一气。

以上这些情况说明，由于整个社会经济的变化，即农业、手工业生产的发展，商业的繁荣，影响到了社会各方面。一些大地主把一部分从土地剥削所得的财产投资于手工业和商业，这样，过去被社会上所歧视的商人的地位就提高了，国家的高级官员有不少人变成了商人，经商成为社会风气。商人赚了钱就奢侈浪费，造成社会上的虚假繁荣现象，封建秩序、封建礼法开始受到冲击，从而在文学艺术方面也出现了反映这种社会生活的作品。

第六，货币经济的发展。在明朝以前，白银已经部分使用，但是还不普遍，还没有作为正式的货币。元朝使用钞票，明朝初年用铜钱，由于老百姓已经有了用钞票的习惯，反而不习惯用铜钱，只好仍然用钞票。但是由于明朝对钞票管理不善，无限制的发行，又不兑现，因而引起通货膨胀，钞价贬值，由一贯钞值银一两贬至只值一两个钱，钞票的经济意义逐渐没有了。钞票不能用，铜钱的重量又太大，短途进行交易还可以，像从南到北的远距离交易，带大量的铜钱就不行，几万、几十万铜钱很重，不方便，在这种情况下白银就日渐流通于市场。白银有它的优点：它的质量不会变，既能分割，化整为零，又能把一些分散的银子铸成一锭，化零为整；白银价值比较高，一两白银可以抵一千钱。因此社会上对白银的需要越来越迫切。

上次讲过，明朝建都北京，粮食主要要从南方运来。四五百万石粮食的运费要由农民负担，运费超过粮食价格的几倍，农民负担很重。所以到明英宗时，逐渐改变了这种办法，有些地方税收开始改折"金花银"，像这个地区应该送四石粮食，现在不要你交粮食了，改交一两银子，政府用一两银子同样可以买到四石粮食。由于国内市场的扩大和税收折银的结果，银子的需要量就大大增加了，原有的银子不够市场上的需要，因此在万历时期就出现了采银的高潮。政府征发许多人到处开银矿，苛征暴敛，引起国内人民的反对。

通过对外贸易的入超，大量的白银输入了。西班牙人从墨西哥运白银到吕宋，由吕宋转运中国，以换取中国的丝织品和瓷器。到后期，墨西哥的银元也大量流入中国，这样，国内白银数量逐渐增加，所以到万历初年，赋役制度大改变，把原来的田赋制度改为“一条鞭法”，使赋役合一，从此大部分地区的赋税和徭役改折银两。

由于手工业和商业的发展，商品流通的客观需要，远距离的大量的交易需要共同的货币做媒介，因而白银普遍地应用起来了，这种情况也是以往历史上所没有发生过的。

第七，文学作品上的反映。唐朝、宋朝也有传奇小说，里面的主角是些什么人？主要是官僚、士大夫、文人等，写市井人物的作品很少。到明代中叶以后出现了以市井人物为主人公的作品，例如《白蛇传》的故事，在《西湖三塔记》中的三怪是乌鸡、水獭、白蛇，男主角是将门之后——奚宣赞（岳飞部下的将官奚统制之子）；而《洛阳三怪记》的三怪是赤斑蛇、白猫精、白鸡精，男主角却是开金银铺的老板潘松了；流传到现在的《白蛇传》只剩下二怪——白蛇和青蛇，男主角则是开生药铺的许仙。故事的主角从将门之后的奚宣赞转变为生药铺的许仙，这一变化是值得我们注意的。

又如《金瓶梅》，是万历二十二年以后的作品，写嘉靖、万历年间的事，主角西门庆也是开生药铺的，与西门庆来往的篾片、清客都是官僚地主的后人，原来的地位比西门庆高，后来没落了，成为西门庆的门客。以这样一些人物为中心的小说，在过去是没有的。

此外，在“三言”“二拍”中，如《卖油郎独占花魁》《倒运汉巧遇洞庭红》等，主角是卖油小贩和偶然发财的穷汉，这也都是当时的社会现实在文艺作品中的具体反映。

第八，明朝后期有了一些替商人说话的政治家。譬如徐光启，他是上海人，是最早接受西洋科学，介绍和传播西洋科学，如物理学、化学、天文学的一个人。他家里原来是地主，后来兼营商业，他本人中了进士，做过宰相。他的思想反映了保护商人特权的要求，他提出了维护商人利益的具体建议。当时国家财政困难，西北有许多荒地，他就主张政府允许各地的地主阶级招募农民来开垦荒地；开垦荒地多的，除了粮食给他外，还可以允许这个地主家里的子弟有多少人考秀才、多少人上学，给他以政治保证。从他这种主张来看，他是当时从地主转为商人的这一集团在政治上的代表人物。

总的来说，上面所讲的这些问题是明朝以前没有发生过的，或者虽然发生过，但并不显著。当时的人也认识到了嘉靖前和嘉靖后所发生的这种巨大变化，当然，他们还不能理解这叫作资本主义萌芽，从我们今天来看，这个变化是旧的东西改变了，新的东西露出了头，这些例子都可以作为资本主义萌芽来看。但是这些萌芽并没有成长，以后又遭到了压力，因此到鸦片战争以前中国还不能进入资本主义社会，资本主义还处在萌芽状态。

这方面的材料直到现在还是不够完备的，还没有进行认真的研究，上面谈的只是个人的看法，不一定对，更不一定成熟，只供同志们参考。

下　明史杂论

胡惟庸党案考

《明史》所记之胡惟庸

胡惟庸事件是明代初叶的一件大事，党狱株连前后十四年，一时功臣宿将诛夷殆尽，前后达四万余人[①]，且因此和日本断绝国交关系，著之《祖训》。[②]另一方面再三颁布《昭示奸党录》《臣戒录》《志戒录》《大诰》《世臣总录》诸书，谆谆告谕臣下，以胡惟庸为前鉴[③]，到明成祖时代，还引这事

① 《明史》卷九四《刑法志》，卷一三二《蓝玉传》。

② 《皇明祖训》首章；《明史》卷三一二《日本传》。

③ 《皇明大政记》卷三。

件来诫谕臣下，勿私通外夷。[1]明代诸著作家的每一部提及明初史迹的著述中，都有这事件的记载，清修明史且把胡氏列入奸臣传。[2]在政治制度方面，且因此而永废丞相，分权于六部、五府、都察院、通政司、大理寺等衙门。[3]从这事件的影响方面说，一时元功宿将皆尽，靖难师起，仅余耿炳文、吴祯等支撑御侮，建文因以逊国。[4]综之，从各方面说，无论是属于政治的、外交的、军事的、制度的、易代的，这事件之含有重大意义，其影响及于有明一代，则无可置疑。

《明史》记此事颠末云：

> 自杨宪诛，帝以惟庸为才，宠任之。惟庸亦自励，尝以曲谨当上意，宠遇日盛。独相数岁，生杀黜陟，或不奏径行。内外诸司上封事，必先取阅，害己者辄匿不以闻。四方躁进之徒及功臣武夫失职者争走其门，馈遗金帛、名马、玩好，不可胜数。

① 涂山：《明政统宗》卷七。

② 《明史》卷三〇八。

③ 《皇明祖训》首章；《高皇帝实录》卷一二九。

④ 《弇州史料后集》卷六一。

大将军徐达深嫉其奸，从容言于帝。惟庸遂诱达阍者福寿以图达，为福寿所发。御史中丞刘基亦尝言其短。久之，基病，上遣惟庸挟医视，遂以毒中之。基死，益无所忌。与太师李善长相结，以兄女妻其从子佑。学士吴伯宗劾惟庸几得危祸。自是，势益炽。其定远旧宅井中忽生石笋，出水数尺，谀者争引符瑞，又言其祖父三世冢上，皆夜有火光烛天。惟庸益喜自负，有异谋矣。

吉安侯陆仲亨自陕西归，擅乘传。帝怒责之曰："中原兵燹之余，民始复业，籍户买马，艰苦殊甚。使皆效尔所为，民虽尽鬻子女，不能给也。"责捕盗于代县。平凉侯费聚奉命抚苏州军民，日嗜酒色。帝怒，责往西北招降蒙古，无功，又切责之，二人大惧。惟庸阴以权利胁诱二人，二人素戆勇，见惟庸用事，密相往来。尝过惟庸家饮，酒酣，惟庸屏左右言："吾等所为多不法，一旦事觉，如何？"二人益惶惧，惟庸乃告以己意，令在外收集军马。

又尝与陈宁坐省中，阅天下军马籍，令都督毛骧取卫士刘遇贤及亡命魏文进等为心膂，曰："吾有所用尔也。"

太仆寺丞李存义者，善长之弟，惟庸婿李佑父也。惟庸令阴说善长，善长已老，不能强拒，初不许，已而依违其间。惟庸益以为事可就，乃遣明州卫指挥林贤下海招倭与期会。又遣元故臣封绩[1]致书称臣于元嗣君，请兵为外应，事皆未发。

会惟庸子驰马于市，堕死车下，惟庸杀挽车者。帝怒，命偿其死。惟庸请以金帛给其家，不许。惟庸惧，乃与御史大夫陈宁、中丞涂节等谋起事，阴告四方及武臣从己者。十二年九月占城来贡，惟庸等不以闻，中官出见之，入奏。帝怒，切责省臣，惟庸及广洋顿首谢罪，而微委其咎于礼部，礼部又委之中书，帝益怒，尽囚诸臣，穷诘主者。未几赐广洋死。广洋妾陈氏从死，帝询之，乃入官陈知县女也。大怒曰："没官妇女只给功臣家，文臣何以得给？"乃敕法司取勘。于是惟庸及六部堂属咸当坐罪。

明年正月，涂节遂上变告惟庸，御史中丞商暠时谪为中书省吏，亦以惟庸阴事告。帝大怒，下廷臣更讯，词连宁、节。廷臣言节本预谋，见事不成，始上变告，不可不诛。乃诛惟庸、宁并及节。

惟庸既死，其反状犹未尽露，至十八年李存义为人首告，免死，安置崇明。十九年十月林贤狱成，惟庸通倭事始著。

---

① 《国朝列卿纪》卷一《胡惟庸传》引《实录》作封续，北平图书馆藏《实录》作封绩。

二十一年蓝玉征沙漠，获封绩，善长不以奏。至二十三年五月事发，捕绩下吏，讯得其状，逆谋大著。会善长家奴卢仲谦首善长与惟庸往来状，而陆仲亨家奴封帖木亦首仲亨及唐胜宗、费聚、赵雄（明按“雄”当作“庸”以赵庸封南雄侯致误，《李善长传》可证）三侯与惟庸共谋不轨。帝发怒，肃清逆党，词所连及，坐诛者三万余人，乃为《昭示奸党录》布告天下，株连蔓引，迄数年未靖云。[①]

惟庸通倭事，《明史》云：

先是胡惟庸谋逆，欲借日本为助，乃厚结宁波卫指挥林贤，佯奏贤罪，谪居日本，令交通其君臣。寻奏复贤职，遣使召之，密致书其王，借兵助己。贤还，其王遣僧如瑶率兵卒四百余人，诈称入贡，且献巨烛，藏火药刀剑其中。既至，而惟庸已败，计不行。帝亦未知其狡谋也。越数年，其事始露，乃族贤，而怒日本特甚，决意绝之，专以防海为务。[②]

---

① 《明史》卷三〇八《胡惟庸传》。

② 《明史》卷三二二《日本传》。

与李善长谋逆事，《明史》云：

京民坐罪应徙边者，善长数请免其私亲丁斌等，帝怒按斌，斌故给事惟庸家，因言存义等往时交通惟庸状。命逮存义父子鞫之，词连善长云："惟庸有反谋，使存义阴说善长，善长惊叱曰：'尔言何为者？审尔，九族皆灭！'又使善长故人杨文裕说之云：'事成当以淮西地封为王。'善长惊不许，然颇心动。惟庸乃自往说善长，犹不许。久之，惟庸复遣存义进说，善长叹曰：'吾老矣，吾死，汝等自为之。'"

或又告善长云："将军蓝玉出塞至捕鱼儿海，获惟庸通沙漠使者封绩，善长匿不以闻。"于是御史交章劾善长。而善长奴卢仲谦等亦告善长与惟庸通赂遗，交私语。狱具，谓善长元勋国戚，知逆谋不发举，狐疑观望怀两端，大逆不道。会有言星变，其占当移大臣，遂并其妻女弟侄家口七十余人诛之。而吉安侯陆仲亨、延安侯唐胜宗、平凉侯费聚、南雄侯赵庸、荥阳侯郑遇春、宜春侯黄彬、河南侯陆聚等皆同时坐惟庸党死。而已故荥阳侯杨璟、济宁侯顾时等追坐者又若干人。帝手诏条列其罪，傅著狱词，为《昭示奸党三录》，布告天下。[①]

谷应泰记胡惟庸被诛前又有云奇告变一事：

正月戊戌，惟庸因诡言第中井出醴泉，邀帝临幸，帝许之。驾出西华门，内使云奇冲跸道，勒马衔言状，气方勃，舌驶不能达意，太祖怒其不敬，左右挝捶乱下，云奇右臂将折，垂毙，犹指贼臣第，弗为痛缩。上悟，乃登城望其第，藏兵复壁间，刀槊林立。即发羽林掩捕，考掠具状，磔于市。[②]

综结以上的记载，胡惟庸党案的构成及经过是：

（1）胡惟庸擅权罔上。

（2）谋刺徐达。

（3）毒死刘基。

（4）与李善长相结交通。

（5）定远宅井生石笋，祖墓夜有火光，因有异志。

（6）结陆仲亨、费聚为助。

① 《明史》卷一二七《李善长传》。

② 《明史纪事本末》卷一三《胡蓝之狱》。

（7）收纳亡命。

（8）令李存义、杨文裕说李善长谋逆。

（9）遣林贤下海招倭，倭使如瑶伪贡率兵为助。

（10）遣封绩称臣于元求援。

（11）惟庸杀挽车者，太祖责偿死。

（12）阻占城贡使，被罪。

（13）私给文官以入官妇女坐罪。

（14）涂节上变，商皓白其私事。

（15）请上幸第谋刺，为云奇所发。

（16）狱具伏诛，胡党之名起。

（17）林贤狱成。

（18）李善长被杀。

（19）对日绝交。

（20）胡党株蔓数万人，元功宿将几尽。

以下试参证中日记载，说明这一事件的真相和明代初叶中日间的国际关系。

云奇告变

胡惟庸党案的真相，到底如何，即明人亦未深知，这原因大概是由于胡党事起时，法令严峻，著述家多不敢记载此事。到了事过境迁以后，实在情形已被淹没，后来的史家只能耑凭《实录》，所以大体均属相同。他事有不见于《实录》的，便只能闭户造车，因讹传讹，所以极多矛盾的同时记载。正因为这许多记载之暧昧矛盾，所以当时人便有怀疑它。郑晓以为“国初李太师、胡丞相、蓝国公诸狱未可知”[①]，王世贞是明代的一个伟大精核的史学家，他的话应该可信了，他说：

> 胡惟庸谋逆，阴约日本国贡使以精兵装巨舶，约是日行弑，即大掠库藏，泛舟入海，事泄伏诛。上后却日本之贡以此。[②]

他的儿子王士骐却不惜反对他的话，对这事件深为致疑，他以为：

> 按是年（十三年）诛丞相胡惟庸，廷臣讯辞第云使林贤下海招倭军，约期来会而已。不至如野史所载，亦不见有绝

① 郑晓：《今言》卷一四四。

② 王世贞：《史乘考误》。

倭之诏。本年日本两贡无表，又其将军奉丞相书辞意倨慢，故诏谕之。中云“前年浮辞生衅，今年人来匪诚”，不及通胡惟庸事，何耶？近年勘严世蕃亦云交通倭虏，潜谋叛逆，国史谓寻端杀之，非正法也。胡惟庸之通倭，恐亦类此。[①]

由此可见这一事件的可信程度正如徐阶所授意的严世蕃狱词一样。按《明史》载世蕃狱具，徐阶以为彰主过，适所以活之，为手削其草。[②]略云：

曩年逆贼汪直勾倭内讧，罪在不宥。直徽州人，与罗龙文姻旧，遂送十万金世蕃所，拟为授官……龙文亦招聚汪直通倭余党五百余人，谋于世蕃。班头牛信亦自山海卫弃伍北走，拟诱致北虏，南北响应。[③]

于是复勘实以“交通倭虏，潜谋叛逆，具有显证”，严家由是方倒。狱辞中通倭诱虏二事，恰好做胡惟庸事件的影子。

① 《皇明驭倭录》卷一。

② 《明史》卷三〇八《严嵩传》。

③ 王世贞：《国朝丛记》严世蕃供词。

在以上所引的史料中，冲突性最显著的是《明史》所记涂节、商皓告变和《纪事本末》所记的云奇告变二事。因为假使前者是真，则惟庸已得罪被诛，无请临幸谋刺之可能。假使后者是真，则惟庸亦当日被诛，无待涂商二人之告发。质言之，两件告发案必有一件是假，或者两件都假，断不能两件都真。现试略征群籍，先谈云奇事件。

谷应泰关于云奇的记载，确有所本。此事最先见于雷礼所引《国琛集》[1]，记述与谷氏小有异同。其文云：

> 太监云奇南粤人。守西华门，迩胡惟庸第，刺知其逆谋。胡诳言所居井涌醴泉，请太祖往观，銮舆西出，云虑必与祸，急走冲跸，勒马衔言状。气方勃崪，舌駃不能达。太祖怒其犯跸，左右挝捶乱下，云垂毙，右臂将折，犹奋指贼臣第。太祖乃悟，登城眺顾，见其壮士披甲伏屏帷间数匝，亟返棧殿，罪人就擒。召奇则息绝矣。太祖追悼奇，赐赠葬，令有司春秋祀之。墓在南京太平门外，钟山之西。

自后王世贞撰《胡惟庸传》即引此文，不过把“诳言所居井涌醴

① 《国朝列卿纪》卷一《胡惟庸传》附录。

泉”改为“伪为第中甘露降”[①]，把地下涌出来的换成天上掉下来的罢了。邓元锡索性把他列入《宦官传》，以为忠义之首，不过又将名字改成奇云奇[②]。傅维麟本之亦为立专传[③]，仍复其名为云奇。其他明清诸著述家如陈建[④]、严从简[⑤]、邓球[⑥]、尹守衡[⑦]、彭孙贻[⑧]、谷应泰[⑨]，日人如饭田忠彦[⑩]等均深信不疑，引为实录。

在上引的诸家记载中，有一个共通的可疑点。这疑点是云奇身为内使，所服务地点与胡惟庸第相近，他既知胡氏逆谋，为什么不先期告发，一定要到事迫眉睫，方才闯道报警呢？这问题彭孙贻氏把它弥缝解答了。他说：

> 时丞相胡惟庸谋大逆，居第距门甚迩。奇刺知其事，

---

① 王世贞：《弇山堂别集·胡惟庸传》。

② 邓元锡：《皇明书》卷一三《宦官传》。

③ 傅维鳞：《明书》卷一五七《胡惟庸传》，卷一五八《云奇传》。

④ 《皇明从信录》卷七。

⑤ 《殊域周咨录》卷二。

⑥ 《皇明泳化类编》卷一二七《防细》。

⑦ 《皇明史窃·宦官传》。

⑧ 《明朝纪事本末补编》卷五《宦官贤奸》。

⑨ 《明史纪事本末》卷一三。

⑩ 饭田忠彦：《野史》卷二八二《外国传》一。

冀欲发未有路，适惟庸谩言所居井涌醴泉，邀上往赏，驾果当西出，奇虑必有祸，会走犯跸。

总算勉强可以遮过读者的究诘。但据以上诸书所记，惟庸请明太祖到他家里来看醴泉或甘露的日子是洪武十三年正月戊戌。据《明史》惟庸即以是日被诛[①]，这样当天请客，当天杀头，中间并未经过审讯下狱的阶段，在时间上是否发生问题呢？这问题夏燮曾引《三编质实》证明其不可能，他说：

考《实录》正月癸巳朔，甲午中丞涂节告胡惟庸谋反，戊戌赐惟庸等死。若然，则正月二日惟庸已被告发，不应戊戌尚有邀帝幸第之事。[②]

我们在时间上的比较，已知此事非真。如再从事实方面考核，南京城高数仞，胡惟庸第据文中“壮士匿屏帷（或厅事）间”决非无屋顶——露天可知（《有学集》一〇三引《明人纪载》说：南京城西华门内有大门北向，其高与诸宫殿等，后门甍栋具在，曰旧丞相府，即胡惟庸故第），无论西华门离胡第

① 《明史·太祖本纪》卷二。

② 《明通鉴》卷七《考异》。

怎样近（事实上愈近只能看屋脊，就譬如在景山山顶罢，故宫就在足下，除了黄澄澄的屋瓦以外，我们能看出宫殿内的任何事物出来吗），胡第非露天，就使明太祖真有登过城这一回事，又何从知道胡第伏有甲兵，此甲兵且伏在厅事中，屏帷间！

据《国琛集》说胡惟庸第在西华门内——禁中，王世贞《旧丞相府志》颇疑其非是。考《昭示奸党第二录》载卢仲谦供，谓胡惟庸私第在细柳坊，按《洪武京城图志》：广艺街在上元县西，旧名细柳坊，一名武胜坊。又考《街市图》：广艺街在内桥之北，与旧内相近。则惟庸私第之不在禁中明甚。再按《实录》：丙午（1366）八月拓建康城；初旧内在建康旧城中，因元南台为宫，稍庳隘，上乃命刘基等卜地，定新宫于钟山阳，戊申（1368）正月自旧内迁新宫。由是知明太祖之迁居新宫在洪武元年，旧内固近惟庸第，新宫则在建康城北，云奇事件如在洪武十三年，则根本为不可能。

由以上的推断，云奇事件之无稽荒缪，已决然无可疑。不过这一传说又从何发生的呢？云奇与胡惟庸虽无关系，但这事件的本身是否有存在的可能性呢？这两疑问，何孟春氏的《云奇墓碑铭》[①]将给我们以一个满意的解答。

① 《国朝献征录》卷一一七（何孟春）《赠司礼监太监云公奇墓碑铭》。

> 南京太平门外钟山西有内官享堂一区，我太祖高皇帝所赐，今加赠司礼监太监云公奇葬地也。案旧碑公南粤人，洪武间内使，守西华门。时丞相谋逆者居第距门甚迩，公刺知其事，冀因隙以发。未几，彼逆臣言所居井涌醴泉……
>
> 公所遭谋逆者旧状以为胡蓝二党。夫胡惟庸之不轨在洪武十三年，蓝玉在二十六年，胡被诛后，诏不设丞相，至蓝十四年矣。春敢定以胡为是，以补旧碑之缺，备他日史官之考证。

可见胡惟庸谋逆的真相，明初人就不大清楚。旧碑阙以存疑，尚不失忠实态度。何孟春自作聪明，硬断定为胡惟庸，后此史官，虽以此事不见《实录》，亦援引碑文，定为信谳，自王世贞以下至彭孙贻、饭田忠彦等都笃信其事，因讹传讹，结果当然是到处碰壁，怎么也解释不出时间性与空间的不可能和事实上的矛盾了。钱谦益《明太祖实录辨》证三说："云奇之事，国史野史，一无可考。嘉靖中朝廷因中人之请而加赠，何孟春据中人之言而立碑。"所谓中人，潘柽章以为是高隆。他说：

> 云奇事起于中官高隆等，相传为蓝玉时事。而何孟春从而附会之，以为玉未尝为丞相，故又移之胡惟庸。凿空

说鬼，有识者所不道。[1]

他疑心云奇事件是由邵荣三山门谋逆之事衍变来的。他说：

> 然考之史，惟平章邵荣尝伏兵三山门内欲为变，上从他道还，不得发。与墓碑所称相类。三山门在都城西南与旧内相近，上登城眺察，难悉睹也。岂云奇本守三山门，讹而为西华耶？或云奇以冲跸死，而宋国兴之告变踵至耶？事有无不可知，史之阙文，其为是欤？[2]

如瑶藏主之贡舶

《明史》所记之如瑶贡舶事，明清人记载极多。日人记载则多据中籍迻译，虽间有疑其支离者，亦仅及派使者之为征西或幕府，对于事实本身，则均一致承认。

关于胡惟庸通倭之明清人记述，其主要事实多根据《实录》及《大诰》，《明史》和《实录》更不过详略之异，大体

---

① 《国史考异》卷二之一一。

② 《国史考异》卷二之一一。邵荣谋反事见《明史》卷一二五《常遇春传》。

一无出入。文中洋洋洒洒据口供叙述胡惟庸的罪状，于通倭投虏事，仅有二句：

> 惟庸使指挥林贤下海招倭军，约期来会。又遣元臣封绩致书称臣于元，请兵为外应。①

惟庸诛后数日，在宣布罪状的演辞中，亦未提及通倭一字：

> 己亥，胡惟庸等既伏诛，上谕文武百官曰："……岂意奸臣窃国柄，枉法诬贤，操不轨之心，肆奸欺之蔽，嘉言结于众舌，朋比逞于群邪。蠹害政治，谋危社稷，譬隄防之将决，烈火之将然，有滔天燎原之势，赖神发其蠹，皆就殄灭……"②

于罢中书省诏中，亦只及其枉法挠政诸罪：

> 癸卯，罢中书省，诏曰："……丞相汪广洋、御史大

① 《明太祖高皇帝实录》卷一二九。

② 《明太祖高皇帝实录》卷一二九。

夫陈宁昼夜淫昏，酣歌肆乐，各不率职，坐视废兴。以致胡惟庸私构群小，夤缘为奸，或枉法以贿罪，或挠政以诬贤，因是发露，人各伏诛……”①

即在十六年后，太祖和刘三吾的谈话中，胡惟庸的罪状，也不过只是擅作威福和僭侈：

二十八年十一月上谓翰林学士刘三吾等曰：“奸臣胡惟庸等擅作威福，谋为不轨，僭用黄罗帐幔，饰以金龙凤纹。迩者逆贼蓝玉，越礼犯分，床帐护膝，皆饰金龙，又铸金爵为饮器，家奴至于数百，马坊廊房，悉用九五间数，僭乱如此，杀身亡家。”②

惟庸诛后七年，始于所颁《大诰》中提及林贤：

维十九年十二月望皇帝三诰于臣民曰：“……帝若曰

① 《明太祖高皇帝实录》卷一二九；《明太祖文集》卷二《废丞相大夫罢中书诏》。

② 《皇明大事记》卷九《高皇帝御制及纂辑诸书》。

前明州卫指挥贤私通惟庸，劫倭舶，放居倭，惟庸私使男子旺借兵私归贤，贤将辅人乱，不宁于黔黎，诛及出幼子。”[1]

在洪武二十八年九月所颁《祖训》中[2]，方才正式列出惟庸通倭的记载，其文云：

四方诸夷皆限山隔海，僻在一隅，得其地不足以供给，得其民不足以使令，若其自不揣量，来挠我边，则彼为不祥。彼既不为中国患，而我兴兵轻犯，亦不祥也。吾恐后世子孙，倚中国富强，贪一时战功，无故兴兵，致伤人命，切记不可。但胡戎与西北边境，互相密迩，累世战争，必选将练兵，时谨备之。

今将不征诸夷国名列后：

东北　朝鲜国

正东偏北　日本国　虽朝实诈，暗通奸臣胡惟庸，谋为不轨，故绝之

正南偏东　大琉球国　小琉球国

---

① 何乔远：《名山藏·刑法记》。

② 《皇明大事记》卷九《高皇帝编制及纂辑诸书》。

西南　安南国　真蜡国　暹罗国　占城国　苏门答剌　西洋国　爪洼国　湓亨国　白花国　三弗齐国浡泥国[①]

考《明史·胡惟庸传》谓："十九年十月林贤狱成，惟庸通倭事始著。"查《实录》十九年十月条不载此事。胡惟庸罪状中之通倭一事，据史言发觉在十九年，其唯一之根据为当时官书《大诰》三编。据此则十九年以前不当有绝倭之事，而事实上则却相反。《祖训》之成，据《皇明大事记》所言第一次编成于洪武二年[②]，第二次在六年五月[③]，第三次在二十八年九月，重定名为《皇明祖训》，其目仍旧，而更其《箴戒》章为《祖训》首章[④]，由是可知最后定本即仍洪武六年之旧，不过把原来《箴戒》章改成首章而已。胡惟庸事败在洪武十三年正月，通倭事发在十九年十月，不应先于洪武六年绝倭！细绎《祖训》文意，知其大旨不过戒子孙勿务远略损国威，所列不征之国，亦以其阻绝海洋，不易征服，于胡惟庸事，初无关

① 《皇明祖训》首章页五。

② 《皇明大事记》卷九《封建》。

③ 《皇明大事记》卷九《高皇帝御制及纂辑诸书》。

④ 《皇明大事记》卷九《封建》。

涉。盖日本之被列为不征之国事在洪武六年以前，在洪武十九年到二十八年这时期中方把胡惟庸事加入，作为佐证。后来读史的人不留心，把不征之国和胡惟庸事因《祖训》先后放在一起，就混为一事，并误为有因果关系。因胡惟庸狱词和《大诰》所载，辗转附会，惟庸之通倭谋逆及明廷因之与日绝交数事，遂成信谳了。

《国朝列卿纪》所记全用《实录》原文，明代向例于《实录》修成后即焚稿扃史馆中，不为外人所见。所以后来人的记载大部分可说都是根据《国朝列卿纪》这部书。

因为《皇明祖训》《大诰》和《实录》中的记载出于朝廷，后来的史家便都一致相信，以为事实。自郑晓[①]、郎瑛[②]、章潢[③]、邓元锡[④]、茅瑞征[⑤]、茅元仪[⑥]、陈仁锡[⑦]、张复[⑧]、叶

① 《吾学编皇明四夷》上《日本》。

② 《七修类稿》卷五《日本》。

③ 《图书编》卷五〇《日本国》。

④ 《皇明书》卷一六六《日本传》。

⑤ 《皇明象胥录》卷二《日本》。

⑥ 《武备志》卷二三〇《日本考》。

⑦ 《潜确类书》卷一三《日本》。

⑧ 焦竑《皇明人物考》附录张复《南倭考》。

向高[1]、方孔炤[2]、黄道周[3]及《制御四夷典故》[4]诸书，一致以为太祖朝之中日绝交是因为如瑶贡舶事件，如《苍霞草》所记：

> 已复纳兵贡艘中助逆臣胡惟庸，惟庸败，事发，上乃著《祖训》示后世毋与倭通。

《吾学编》《制御四夷典故》《皇明世法录》《图书编》诸书云：

> 十五年归廷用又来贡，于是有林贤之狱，曰故丞相胡惟庸私通日本，盖《祖训》所谓日本虽朝实诈，暗通奸臣胡惟庸，谋为不轨，故绝之也。是时惟庸死且三年矣。十七年如瑶又来贡，坐通惟庸，发云南守御。

渡边世祐《室町时代史》（页二三五）亦谓：

---

① 《苍霞草》卷一九《日本考》。

② 《全边略记》卷九《海略》。

③ 《博物典汇》卷二〇《日本》。

④ 《制御四夷典故·日本国考略》。

时明胡惟庸谋反，使宁波之指挥官请援于征西将军。征西府使僧如瑶率精兵四百余人伪入贡赴之。谋觉，胡惟庸伏诛，逮林贤狱起，我邦通谋事发觉，太祖大怒，尔后一时交通遂绝。

何乔远[①]、郑若曾[②]、严从简[③]诸人记林贤与如瑶之事迹较详尽，《名山藏·王享记》云：

丞相胡惟庸得罪惧诛，谋诸倭不轨，奏调金吾卫指挥林贤备倭明州。阴遣宣使陈得中谕贤送日本使出境，则诬指为寇以为功。贤听惟庸计，事觉，惟庸佯奏贤失远人心，谪居之倭中。既惟庸请宥贤复职，上从之。惟庸以庐州人李旺充宣使召贤，且以密书奉日本王借精锐人为用，王许之。贤还，王遣僧如瑶等率精锐四百余人来，诈献巨烛，烛中藏火药兵器。比至惟庸已败，上犹未悉贤通惟庸状，发四百余人云南守御……十五年惟庸事觉，上追怒惟庸，诛贤磔之。于是名日本曰倭，下诏切责其君臣，暴其过恶

① 《名山藏·王享记》一“日本”。

② 《筹海图篇》卷二。

③ 《殊域周咨录》卷二。

天下，著《祖训》绝之。

所记恰与《大诰》合。《筹海图编》亦采此说，而误以胡惟庸为枢密使，为王士骐所讥[①]，且以为先于洪武十六年诏绝日本，二十年如瑶事发，时代与各书歧异。日人辻善之助据之以为怀良亲王已于前四年卒，足证使非征西所遣。[②]书中标明日使为归廷用，足补何氏之缺：

> 日本使归廷用入贡方物，厚赏回还，明州备倭指挥林贤在京随驾，时交通枢密使胡惟庸，潜遣宣使陈得中密与设谋，令将归廷用诬为倭寇，分用赏赐。中书省举奏其罪，流贤日本。洪武十六年诏绝日本之贡。贤流三年，逆臣胡惟庸暗遣人充宣使，私往日本取回，就借练精兵四百，与僧如瑶来献巨烛，中藏火药兵具，意在图乱，上大怒，磔贤于市，乃降诏责其君臣，绝其贡。

《殊域周咨录》本之，而以为十三年发如瑶云南守御，林

① 《皇明驭倭录》卷一。

② 辻善之助：《海外交通史话》卷一五，页三〇三。

贤事发则在洪武二十年。日人饭田忠彦[①]、荻野由之[②]、辻善之助[③]、栗田元次及木宫泰彦[④]和德人希泊鲁秃（Sicboldt）[⑤]诸人所记大率根据以上所引。

李开先所记则与诸书微异，其所撰宋素卿传云[⑥]：

> 自洪武年间因胡惟庸通倭密谋进寿烛，内藏刀箭。将夷以铜甑蒸死，绝其进贡。

这是他把永乐三年十一月日本使者自治倭寇的记载[⑦]和如瑶贡舶事件混在一起误为一事的错误。

以上诸家所记都属于胡惟庸使林贤通倭，如瑶伪贡事件。王世贞一流的史家所记，则与此异：

---

① 《野史》卷二八二《外国传》一“明”上。

② 《日本史讲话》，页五六三至五六五。

③ 《海外交通史话》，页三〇三。

④ 《综合日本史概说》三二《足利时代之外国关系》；《中日交通史》下卷第七章《日本使之往来与胡惟庸事件》。

⑤ 《异国丛书》四《日本交通贸易史》，页二六三。

⑥ 李中麓：《闲居集》文九。

⑦ 《明史》卷三二二《日本传》。

日本来贡使，私见惟庸，乃为约其王，令舟载精兵千人，伪为贡者，及期会府中，力掩执上，度可取，取之；不可，则掠库物泛舸就日本有成约。[①]

以下便接着叙云奇事件，把这两件事发生连带关系。他在另一记载中又说：

十三年丞相胡惟庸谋叛，令（日使）伏精兵贡艘中，计以表裹挟上，即不遂，掠库物，乘风而遁。会事露悉诛。而发僧使于陕西四川各寺中，著训示后世，绝不与通。[②]

又把这事件和如瑶发生关系。陈仁锡[③]、朱国桢[④]诸人都相信这一说，引为定谳。稍后谷应泰、夏燮等，便兼采两家矛盾之说，并列诸事，做最完备之记录。[⑤]

---

① 王世贞：《弇山堂别集·胡惟庸传》。

② 王世贞：《日本志》。

③ 《皇明世法录》卷八五《韩国公传》。

④ 《开国臣传》卷二《韩国李公传》。

⑤ 《明史纪事本末》卷三一《胡蓝之狱》；《明通鉴》卷七。

读了以上诸家记述之后，最后我们试一试与当时的官书一核，看到底哪些史料是可靠的，哪些是不可靠的，《大诰三编》说：

> 前明州卫指挥林贤出海防倭，接至日本使者归廷用入贡方物。其指挥林贤移文赴都府，都府转奏，朕命以礼送来至京。廷用王事既毕，朕厚赏令归，仍命指挥林贤送出东海，既归本国。不期指挥林贤当在京随驾之时，已与胡惟庸交通，结成党弊。及归廷用归，惟庸遣宣使陈得中密与设计，令林指挥将廷用进贡船只，假作倭寇船只，失错打了，分用朝廷赏赐，却仍移文中书申禀。惟庸佯奏林指挥过，朕责指挥林贤就贬日本。居三年，惟庸暗差庐州人充中书宣使李旺者，私往日本取回，就借日本国王兵，假作进贡来朝，意在作乱。其来者正使如瑶藏主、左副使左门尉、右副使右门尉，率精兵倭人带甲者四百余名，倭僧在外。比至，胡惟庸已被诛戮，其日本精兵，就发云南守御。洪武十九年朕将本人命法司问出造反情由，族诛了当。呜呼人臣不忠者如此！①

① 潘柽章：《国史考异》卷二之一三《大诰三编》，页三九《指挥林贤胡党第九》。

又云：

其指挥林贤年将六旬，又将辅人为乱，致黔黎之不宁，伤生所在，岂不得罪于天人者乎！遂于十九年冬十月二十五日，将贤于京师大中桥及男子出幼者皆诛之，妻妾婢之[①]。

我们且不推敲这事件的本身是否可靠，明太祖这样一个枭桀阴忮的人的话——一面之辞是否可信，光和其他的记载比较，至少以下几件事是明太祖或胡惟庸所未曾想及的。这几点是：

（一）诈献巨烛，烛中藏火药兵器的聪明主意。

（二）日本贡使私见惟庸，约贡千人相助绑票的事。

（三）时间的矛盾。

（四）归廷用十五年之再贡发觉事。

（五）奏调林贤备倭明州事。

（六）三年前惟庸初由右丞改左，正得宠眷而反惧诛事。

① 潘柽章：《国史考异》卷二之一三《大诰三编》，页三九《指挥林贤胡党第九》。

四　胡惟庸之罪状

洪武十三年正月胡惟庸被诛时的罪状是：

（一）毒死刘基。

（二）阻隔占城贡使。

（三）私给文臣以没官妇女。

（四）枉法挠政，朋比为奸。

刘基事据《明史》说：

基在京病时，惟庸以医来，饮其药，有物积腹中如拳石。其后中丞涂节首惟庸逆谋，并谓其毒基致死云。

据《胡惟庸传》，则惟庸之毒基，实为太祖所遣：

御史中丞刘基亦尝言其短，久之，基疾，上遣惟庸挟医视，遂以毒中之。

据《行状》所述，基未死前且曾以被毒状告太祖，太祖不理：

> 洪武八年正月，胡丞相惟庸以医来视疾，饮其药二服，有物积腹中如拳石，遂白于上，上亦未之省也，自是疾遂笃。三月上以公久不出，遣使问之，知其不能起也，特御制文一通，遣使驰驿送公还乡，里居一月而薨。[①]

即由史臣纂修之《实录》，也说太祖明知刘基被毒事：

> 御史中丞涂节言前诚意伯刘基遇毒死，广洋宜知状。上问广洋，广洋对以无是事。上颇闻基方病时，丞相胡惟庸挟医往候，因饮以毒药。乃责广洋欺罔，不能效忠为国，坐视废兴……[②]

由上引诸记载，参以《明史·刘基传》所叙胡惟庸与基之宿怨，乘隙中伤，太祖对基怀疑事。可知胡惟庸之毒基，确受上命，所以刘基中毒后，虽质言情状，亦置不理，并且派人看他会不会死，直到确知他必定要死，方派人送他回家。我们看汪广洋之死是为涂节告发，胡惟庸之被罪，也和刘基死事牵

① 《皇明名臣琬琰录》卷七《诚意伯刘公行状》。

② 《明太祖实录》卷一二八。

连，但在宣布胡氏罪状时，却始终没提起这事。由此可见“欲盖弥彰”，涂节之所以与胡惟庸骈戮东市，其故亦正在是。

关于阻隔占城贡使事《明史》云：

> 洪武十二年，占城贡使至都，中书不以时奏，帝切责丞相胡惟庸、汪广洋，二人遂获罪。[①]

《实录》载此事较详，其文云：

> 十二年九月戊午，占城国王阿答阿者遣其臣阳须文旦进表及象马方物，中书臣不以时奏。内臣因出外，见其使者以闻，上亟召见，叹曰：“壅蔽之害，乃至此哉！”因敕责省臣曰：“朕居中国，抚辑四夷，彼四夷外国有至诚来贡者，吾以礼待之。今占城来贡方物既至，尔宜以时告，礼进其使臣，顾乃泛然若罔闻知，为宰相辅天子出纳帝命，怀柔四夷者固当如是耶！”丞相胡惟庸、汪广洋等皆叩头谢罪。[②]

---

① 《明史》卷三二四《占城传》。

② 《明太祖实录》卷一二六；《皇明大事记》卷一三四《夷朝贡》。

《明史》言："帝怒，切责省臣，惟庸及广洋顿首谢罪，而微委其咎于礼部，礼部又委之中书，帝益怒，尽囚诸臣，穷诘主者。"《高皇帝文集》卷七载《向中书礼部慢占城入贡第二敕》云：

"敕问中书礼部必欲罪有所证。古有犯法者犯者当之，此私罪也。今中书礼部皆理道出纳要所，九月二十五日有慢占城入贡事，向及省部，互相推调，朕不聪明，罪无归著，所以囚省部，概穷缘由，若罪果有所证，则罪其罪者，仍前推调，未得释免。"旨意极严重，接着就是涂节上变告反，由此可见惟庸已于十二年九月二十五日下狱，到十二月又发生汪广洋妾陈氏从死事，再下法司取勘，涂节窥见太祖有欲杀之意，逢迎上变，遂于次年正月被诛。

庚午诏书中所指的"枉法朋比"，《明史》所记无实事可征。李善长狱后数年方发觉，此时当不能预为周纳。唯吴伯宗事别见其本传云：

> 胡惟庸用事，欲人附己，伯宗不为屈。惟庸衔之，坐事谪居凤阳，上书谕时政，因言惟庸专恣不法，不宜独任，久之必为国患，辞甚剀切。帝得奏召还，赐衣钞。[①]

---

① 《明史》卷一三七《吴伯宗传》。

则伯宗自以坐事谪徙，亦未尝得“危祸”也。刘崧事见《高皇帝文集》卷七《召前按察副使刘崧职礼部侍敕》云：“奸臣弄法，肆志跳梁，拟卿违制之责。迩者权奸发露，人各伏诛。卿来，朕命官礼部侍郎，故兹敕谕。”其朋比事，当时人的记载，《国初事迹》中，有这样一条：

> 杨宪为御史中丞。太祖尝曰：“杨宪可居相位。”数言李善长无大才。胡惟庸谓善长曰：“杨宪为相，我等淮人不得为大官矣。”宪因劾汪广洋不公不法，李善长奏排陷大臣，放肆为奸等事，太祖以极刑处之。[①]

刘辰曾佐太祖戎幕，所记当得之见闻，较可征信。且善长惟庸均为淮人，惟庸之进用，又为善长所援引，为保全禄位树立党援计，其排斥非淮系人物，又为势之所必至。不过据这一条史料的引证，也仅能证明惟庸之树党而已。《高皇帝文集》卷十六《跋夏珪长江万里图》文中有指摘惟庸受赃语，不过尽他所能指摘的也还不过是一幅不甚著名的图。其文云：

① 刘辰：《国初事迹》（《金华丛书》本）。

洪武十三年春正月奸臣胡惟庸权奸发露，令法司捕左右小人询情究源，良久，人报左丞赃贪淫乱甚非寡欲。朕谓来者曰："果何为实，以验赃贪？"对曰："前犯罪人某被迁，其左相犹取本人山水图一轴，名曰《夏珪长江万里图》。"朕犹未信，遣人取以验，去不逾时而至，吁！微物尚然，受赃必矣。

促成惟庸谋反的动机，据《明史》说是：

会惟庸子乘马于市，堕死车下，惟庸杀挽车者，帝怒，命偿其死。惟庸请以金帛给其家，不许。惟庸惧，乃与御史大夫陈宁中丞涂节等谋起事，阴告四方及武臣从己者。

此文全据《实录》，而略其下一段。今补列如下：

上日朝，觉惟庸等举措有异，怪之，涂节恐事觉，乃上变告。[①]

据上文所申述，我们知道惟庸于十二年九月下狱取勘，《实录》所记太祖自己在朝堂上觉察惟庸举措，事实上为

① 《明太祖实录》卷一二九。

不可能。《宪章录》[1]《皇明法传录》[2]诸书因其矛盾，舍去不录，《明史》因之。我们如再细心检讨一下，就可以知道，不但《实录》之事后增饰和《明史》诸书之截短取长是靠不住，即其所记之惟庸子死事，也是同样的叫人不敢相信。如王世贞记惟庸狱起前之所谓促成谋反之动机云：

> 会其家人为奸利事，道关榜辱关吏，吏奏之，上怒，杀家人，切责，丞相谢不知乃已。
>
> 又以中书违慢，数诘问所由。惟庸惧，乃计曰："主上鱼肉勋旧臣，何有我耶！死等耳，宁先发，毋为人束，死寂寂。"[3]

同样地是在叙述同一事件，并且用同一笔法，但所叙的事却全不相符，一个说是惟庸子死，一个说是惟庸家人被诛。显见这两种不同的记载是出于两种不同的来源，由此又可知胡惟庸事件在明嘉靖以前是怎样一个纷乱矛盾的样子了。

---

① 薛应祺：《宪章录》卷七。

② 陈建：《皇明法传录》卷七。

③ 《国朝献征录》卷一一。

《高皇帝文集》卷七有《谕丞相枉序斑敕》，所谓丞相当即指惟庸言，但细绎敕意，亦只是责其刑罚不中而已。敕云：

> 传曰：刑罚不中，则民无所措手足。今日序斑奏，昨晚一使自山西至，一使自太仓来省，引进将至与姓名，且曰郎中教只于此处候丞相提奏引见，已而终不见，郎中复唤，于是不敢引见，是有丞相怪责，不由分诉，刑及二十而肤开，甚枉之。因序斑奏枉，试释之，若为上者教人正其事而后罪人不行，此果刑罚之中乎？

总之，在上文所引述的史料中，我们找不出有“谋反”和“通倭”、“通虏”的具体的记载。这正好像一个故事，时代越后，故事的轮廓便越扩大，内容也越充实。到了洪武二十三年后胡惟庸的谋反便成铁案，装点得有条有理了。钱谦益引《昭示奸党三录》说：

> 自洪武八年以后，惟庸与诸公侯约日为变，殆无虚月，或候上早朝，则惟庸入内，诸公侯各守四门，或候上临幸，则惟庸扈从，诸公侯分守信地，皆听候惟庸调遣，期约举事。其间或以车驾不出而罢，或以宿卫严密，不能举事而罢，皆

惟庸密遣人麾散，约令再举，五年之中，期会为变无虑二百余。[1]

考《太祖本纪》，胡惟庸以洪武六年七月壬子任右丞相，十年九月辛丑改左[2]，其时惟庸正被恩眷，得太祖信任。《高皇帝文集》（二）载是时《命丞相大夫诏》：

朕平天下之初，数更辅弼，盖识见浅薄，任非其人。前丞相汪广洋畏懦迂滑，其于伸冤理枉，略不留意。以致公务失勤，乃黜为岭南广省参政，观其所施，察其自省。今中书久阙丞相，御史台亦阙大夫，揆古稽今，诚为旷典，特命左丞相胡惟庸为中书右丞相，中丞陈宁为右御史大夫。且惟庸与宁自广洋去后，独署省台，协诚匡济，举直措枉，精勤不怠，故任以斯职。播告臣民。

据《奸党录》所言，则不特《实录》所记惟庸诸谋叛动机为子虚，即明人诸家所言亦因此而失其立足点。因为假使惟庸已蓄意谋叛，其行动且早至被诛之五年前，且屡试屡败，则

① 《明史》卷二《太祖本纪》二。

② 《太祖实录辩证》卷三。

何以史文又曲为之隐？于《奸党三录》所云“五年之中，期会为变无虑二百余”一事至不著一字！何以《明史》及《弇山堂别集》诸书仅著其“以祥瑞自喜有异谋”“令费聚陆仲亨收集军马”“收集亡命”“通倭款虏”“被责谋起事”诸近疑似暧昧之刑法上所谓“意图”的记载，而及略其主要之已举未遂行为！

《实录》记李善长狱事，尤暧昧支离，使人一见即知其捏造。盖其所述谋反情事，皆援据当时狱辞，其不可信，又无待究诘。且即以所叙和《昭示奸党录》所条列善长诸招一校，亦有未核。[①]《实录》云：

> 太仆寺丞李存义者，善长之弟，惟庸之婿父也。以亲故往来惟庸家。惟庸令存义阴说善长同起，善长惊悖曰：“尔言何为者！若尔，九族皆灭。”存义惧而去，往告惟庸，惟庸知善长素贪，可以利动。后十余日，又令存义以告善长，且言事若成，当以淮西地封公为王，善长虽有才能，然本文吏计深巧，佯惊不许，然心颇以为然，又见以淮西之地王己，终不失富贵，且欲居中观望，为子孙后计，乃叹息起曰：“吾老矣，由尔等所为。”存义还告，惟庸喜，因过善长，善长

① 钱谦益：《牧斋有学集》卷一四。

延入，惟庸西面坐，善长东面坐，屏左右款语良久，人不得闻，但遥见颔首而已。惟庸欣然就辞出，使指挥林贤下海招倭军约期来会，又遣元臣封绩致书称臣于元，请兵为外应。[①]

明史别据明人所记，以为说善长以封王者为其故人杨文裕。[②]于其冤抑，特载解缙所代草之王国用奏疏剖解甚明。[③]钱谦益据当时招辞谓：

洪武十年九月，惟庸以逆谋告李存义，使阴说善长，未得其要领，乃使其旧人杨文裕许以淮西地封王。是年十一月，惟庸亲往说善长，善长犹趑趄未许，即国史所记惟庸西面坐，善长东面坐者是也。然此时善长未许，至十二年八月，存义再三往说，善长始有：我老了你每自做之语。[④]

在上载的两项文件的矛盾中，最显著的是时间问题。《实

---

① 《明太祖实录》卷一二九。

② 《明史》卷一二七《李善长传》。

③ 《明史》卷一二七《李善长传》。

④ 《太祖实录辨证》卷四。

录》说惟庸几经游说善长，得其赞许后，方进行通倭款虏二事，《实录辨证》据当时口供考定为洪武十二年八月事。惟庸被诛在次年正月，离定谋只是五个月时间的事。下狱在九月，离定谋更仅一月。据《明史・日本传》《名山藏・王享记》《筹海图编》诸记载，惟庸先遣林贤为明州卫指挥，再佯奏其罪谪日本，使交通其君臣，再请宥贤复职，以李旺召之，且以密书奉日本王借精锐人为用，然后有如瑶藏主之贡舶事件。林贤在日本的时间，《大诰三编》和《筹海图编》都说是三年，其回国在洪武十六年后，这当然是不可靠的（郑若曾连胡惟庸卒年都弄不清楚，以为是洪武二十年间事）。不过无论如何，照那时代的航海情形，这一来一往总非一二月可办。据雷礼记如瑶第一次来华之时日为洪武十四年七月戊戌[1]，正值惟庸败后一年，事颇巧合。不过我们所注意的是胡惟庸能否在死后再派人去召回林贤，在定谋和被诛的五个月中要容纳至少三年以上的时间才办得到的事实是否可能？通倭事发的年月据《明史》说是在洪武十九年十月，但除当时的官书《大诰》外，我们翻遍《实录》也找不出有这项记载的存在，即在钱谦益所引胡党供词中亦不及此事。同时，在日本方面，除了引征中国的记载外，亦不著如瑶使节之任何事

① 《皇明大政记》卷三。

实，甚至在中日双方的若干记载中，有的连日本使者和派遣者的本身都有无数异说。这到底是什么缘故呢？很明显的，此种不被当事人所注意的时间问题，因为事实的本身，出于故意捏造或附会，事后编制，只图假题入罪，便不能顾及时间上的冲突，更因为所附会周纳的故事见于朝廷所颁发的《大诰》，大家不敢不相信，载诸记录，因讹传讹，遂成铁案了。

惟庸私通外夷的第二件事是通虏。《明史》说：

> 遣故元臣封绩致书称臣于元嗣君，请兵为外应……二十一年蓝玉征沙漠，获封绩，善长不以奏，至二十三年五月事发，捕绩下吏，讯得其状，逆谋大著。

《李善长传》亦言：

> 将军蓝玉出塞至捕鱼儿海，获惟庸通沙漠使者封绩，善长匿不以闻。

嗣后王世贞[1]、朱国桢[2]诸人所记，均据之以封绩为元臣或

---

① 王世贞：《弇山堂别集·李善长传》。

② 《开国臣传》卷二《韩国李公传》。

元遗臣。这一些记载的根据都很有来历，《实录》记：

封绩，河南人，故元臣来归，命之官，不受，遣还乡又不去，谪戍于边，故惟庸等遗书遣之。惟庸诛，绩惧不敢归，蓝玉于捕鱼儿海获绩，善长匿不以奏。

按《昭示奸党录》所载封绩供词：

封绩招云："绩系常州府武进县人。幼系神童。大军破常州时被百户掳作小厮，拾柴使唤。及长，有千户见绩聪明，招为女婿。后与妻家不和，被告发迁往海南住。因见胡、陈擅权，实封言其非；为时中书省凡有实封到京，必先开视，其有言及己非者即匿不发，仍诬罪其人。胡丞相见绩所言有关于己，匿不以闻，诈传圣旨，提绩赴京，送刑部鞫问坐死。胡丞相著人问说，你今当死，若去北边走一遭，便饶了你。绩应允，胡丞相差宣使送往宁夏耿指挥（忠）、居指挥、于指挥（琥）、王指挥等处，耿指挥差千户张林、镇抚张虎、李用转送亦集乃地面，行至中途，遇达达人爱族保哥等就与马骑，引至火林，见唐兀不花丞相，唐兀不花令儿子庄家送至哈剌章蛮子处，将胡丞相消息备细说与：'著发兵扰边，我奏了将京城军马发出去，我里面好做事。’”

《国史考异》（二）引《庚午记书》亦云：

于琥（都督于）显男。先在宁夏通任指挥时，听胡、陈分付，囚军封绩递送出京，往草地里通知消息。后大军克破胡营，获绩究问，二人反情，由是发觉。

与《实录》《明史》《弇州别集》《开国臣传》及明代诸记载家如黄金[1]、陈仁锡[2]、何乔远、雷礼诸人所言无一相合。由是知不但封绩非元臣，非河南人，非胡惟庸亲信，且与李善长亦始终无涉。不但上述诸正史及野纪无一可信，即上引之封绩供词亦不必实有，因为明代兵制初不集中兵力于首都，而于沿边要隘及内部冲区设卫分镇，明初尤重视北边防务，以燕王棣守北边，隶以重兵，自后九边终明一代为防虏重镇。即有侵轶，初无用于京军之调动，假使真有封绩使元这一件事，胡惟庸自身任军国大政，反说出这样荒谬绝伦的话，理宁可通！

① 《皇明开国功臣录》卷一《李善长传》。

② 《皇明世法录》卷八五《韩国公传》。

由上引证，可知所谓通倭通虏都是“莫须有”的事。上文曾说过：胡惟庸事件正像一个传说中的故事，时间越后，故事的范围便越扩大。根据这个原则，我们试再检校一下胡惟庸“私通外夷”这一捏造的故事的范围的扩大。

在时代较前的记载中，胡惟庸私通外夷的范围，仅限明代一代所视为大患的“南倭北虏”，稍后便加上一个三佛齐，再后又加上一个卜宠吉儿，最后又加上一个高丽。

《太祖实录》洪武三十年中，载胡惟庸通三佛齐事：

三十年，礼部奏诸番国使臣客旅不通。上曰：“……近者安南、占城……西洋、邦喀剌等凡三十国，以胡惟庸谋乱，三佛齐乃生间谍，给我使臣至彼。爪哇国王闻知其事，戒饬三佛齐，礼送还朝。是后使臣商旅阻绝，诸国王之意，遂尔不通。”

于是礼部咨暹罗王曰：“……我朝混一之初，海外诸番莫不来庭。岂意胡惟庸造逆，通三佛齐，乃生间谍，给我信使，肆行巧诈……可转达爪哇，俾以大义告于三佛齐，三佛齐原系爪哇统属，其言彼必信，或能改过从善，则与诸国咸礼遇之如初，勿自疑也。”[①]

① 《明太祖实录》卷二五四；《皇明大事记》卷一三；《皇明驭倭录》卷一。

永乐五年诏敕陕西官吏，又有通卜宠吉儿事：

八月敕陕西行都司都司都指挥陈敬等及巡按监察御史，禁止外交。

上曰："臣无外交，古有明戒，太祖皇帝申明此禁，最为严切。如胡惟庸私往卜宠吉儿，通日本等处，祸及身家，天下后世，晓然知也。"[①]

高岱记太祖朝事，说胡惟庸和高丽也有关系：

十七年甲子三月上因高丽使来不遵臣礼，以贿结逆臣胡惟庸，事觉，遣其使还。以敕谕辽东守将唐胜宗、叶升，令绝高丽，勿通使命。[②]

这样，胡惟庸私通外夷，东通日本、高丽，西通卜宠吉儿，南通三佛齐，北通沙漠，东西南北诸夷，无不与胡惟庸之叛逆，发生关系。

① 涂山：《明政统宗》卷七。

② 高岱：《鸿猷录》卷六。

五 明初之倭寇与中日交涉

如瑶贡舶事件，记载纷纭，多不可信。举其矛盾处之显著者如使节之派遣者或以为征夷将军源义满，或以为征西将军怀良亲王。明人如郑晓[①]、雷礼[②]、章潢[③]、何乔远[④]、李言恭[⑤]、陈仁锡[⑥]、王士骐[⑦]、邓元锡[⑧]、茅瑞征[⑨]、严从简[⑩]、方孔炤[⑪]。诸人均以为助胡惟庸谋逆者为怀良亲王。茅元仪、叶向高诸人则以为派遣如瑶来华者为征夷将军。《日本考》云：

① 《吾学编·大政记》卷一；《皇明四夷考》卷上《日本》。

② 《皇明大政记》卷三。

③ 《图书编》卷五〇《日本国考》。

④ 《名山藏·王享记》一“日本”。

⑤ 《日本国考》卷二《朝贡》。

⑥ 《皇明世法录》卷七五《海防》日本。

⑦ 《皇明驭倭录》卷一。

⑧ 《皇明书》卷一六六《日本传》。

⑨ 《皇明象胥录》卷二《日本》。

⑩ 《殊域周咨录》卷二。

⑪ 《全边略记》卷九《海略》。

十三年再贡皆无表，以其征夷将军源义满所奉丞相书来，书倨甚，命锢其使。明年复贡，命礼臣为檄，数而却之。已复纳兵贡艘中助逆臣胡惟庸。惟庸败，事发，上乃著《祖训》示后世，毋与倭通。[1]

此以贡舶之来为在十四年后，时胡惟庸已死垂二年，叶向高所记[2]全同。日人松下见林采其说，谓：

明太祖答日本征夷大将军曰“前奉书我朝丞相”，丞相谓胡惟庸也。又《武备志》曰:“征夷将军源义满所奉丞相书来，已复纳兵贡艘中助胡惟庸。”观此则义满助胡惟庸者也。[3]

荻野由之反之，肯定如瑶为怀良所遣。[4]希泊鲁秃则不特坚持怀良遣使之说，且著其遣使之年为元中元年（洪武十七年，1384）并云：

---

① 《武备志》卷二三四《夷八》。

② 《苍霞草》卷一九《日本考》。

③ 《异称日本传》卷中八，页四六。

④ 《日本史讲话》，页五六三至五六五。

胡之谋图被发觉，诛三族，如瑺（即如瑶，刊讹）不知入明，故被捕流云南，数年之后，被宥归国。[1]

小林博氏亦主是说，且记此阴谋之发觉时间为弘和二三年间（明洪武十五六年，1382—1383）[2]辻善之助则误据《筹海图编》所记，以贡舶为洪武二十年事，而断云：

时怀良亲王死已四年，良成亲王继任，无出兵海外之余裕，此事恐为边陲倭寇之首魁所为。[3]

他知道怀良的卒年，因以断定贡舶非其所遣，同时他却忘记了胡惟庸也已死了八年，这事如何能同胡惟庸发生联系！木宫泰彦亦主二十年之说，且以怀良之遣使事为必有。他说：

此所指日本国王系指怀良亲王，细读《明史》，自能了解。此事不见于日本《国史》，但弘和元年曾有为亲王使者抵

① 《日本交通贸易史》，页二六三（异国丛书本）。

② 《详说日本历史》，页二八五。

③ 《海外交通史话》，页三〇三。

> 明之僧，由当时亲王对明之强硬态度，与弘安以来养成之冒险的风气推之，想必有此事也。[①]

所说纯据想象，虚构楼阁，不足置信。在另一方面的各家记载分歧，也不一而足，如如瑶贡舶所纳兵士或以为四百人（《名山藏》《明史》诸书）或以为千人（《弇山堂别集》《献征录》诸书）；通倭之经过，或以为使林贤下海招约（《明史》），或以为适日本贡使来因与私约（《弇山堂别集》）；林贤狱具或以为在洪武十九年十月（《明史》），或以为在洪武十五年（《皇明书》《制御四夷典故》《皇明世法录》），或以为在二十年（《殊域周咨录》）；如瑶末次来华或以为在十七年（《皇明书》），或以为在十九年（《大政记》），或以为在二十年（《筹海图编》）；如瑶末次来华之谪徙地方或以为发陕西（《明史纪事本末》），或以为发云南（《名山藏》《殊域周咨录》），或以为发川陕（《日本国志》）；如瑶所率精兵或以为尽被诛夷（《献征录》《明史纪事本末》），或以为尽发云南守御（《皇明书》《名山藏》）。种种歧异矛盾，指不胜屈。

① 《日支交通史》下《征夷府与明朝之交涉》。

如瑶贡舶事在《日本国史》既无足征，中籍所记又荒唐如此，由此可知这本是一件莫须有的事，如瑶即使真有其人，也不过只是一个通常的使僧，或商贩，和胡惟庸党案根本无关。

向来中日两方的记载都以为明初中日绝交的主要原因是如瑶贡舶事件。上文既已论及如瑶贡舶之莫须有，以下试略一述中日初期交涉之经过，以说明其绝交前后之情势，从反面证明在此情势中实无容纳如瑶贡舶事件之可能。

明初中日两方之所以发生外交关系，在中国方面是因为倭寇出没，请求制止，在日本方面则可说完全是基于经济的关系。《明史》说：

> 明兴，高皇帝即位，方国珍张士诚相继诛服，诸豪亡命往往纠岛人入寇山东滨海州县。[①]

日本在王朝之末，纪纲大乱，濑户内海，海贼横行，至镰仓时代不绝。南北争乱之顷，其势逾逞。伊豫之住人村上三郎左卫门义弘者统一近海海贼为之首长，义弘死后，北昌显家

① 《明史》卷三二二《日本传》，卷九一《兵志》；何乔远：《闽书》卷一四六《岛夷志》。

之子师清代为首长，率其党以掠夺为事。[1]入寇者以萨摩、肥后、长门、三州之人居多，其次则大隅、筑前、筑后、博多、日向、摄摩、津州、纪伊、种岛，而丰前、丰后和泉之人亦间有之，盖因商于萨摩而附行者，其来或因贡舶，或因商舶。[2]随风所之，南至广东，北至辽阳，无不受其荼毒。[3]由是海防成明朝大政，设戍置寨，巡捕海倭，东南疲于奔命。[4]

明廷要解决倭患，只有三个办法：上策是用全国兵力，并吞日本以为藩属，倭患不扫自除；中策是以恩礼羁縻，示以小惠，许以互市，以其能约束国人为相对条件；下策是不征不纳，取闭关政策，努力防海，制止入犯。在这三个办法中，最难办到的是下策，因为中国海岸线长两万里，倭寇可以随处侵入，中国却没有这财力和兵力来到处设防，即使可能，兵力太单了也不济事。上策也感觉困难，因为中国是一个大陆国，没有强大的海军，要征服这一倔强的岛国，简直办不到，并且基于过去隋元二代的历史教训，也不敢轻易冒这大险。元吴莱曾

---

① 渡边世祐：《室町时代史》，页二三四；《日本海上史论》《日明交通与海贼》。

② 《图书编》卷五〇《日本国序》。

③ 李言恭：《日本考》。

④ 《明史》卷九一《兵志》。

作了一篇《论倭》的文章，反复地说明伐倭之无益和大海之阻隔，要征服它是不可能的事。他建议应当遣使往谕，以外交的手腕去解决倭寇问题。[①]这篇文章影响到明朝的对日政策，明太祖差不多全盘地接受了他对元朝的劝告和建议，毅然地抛弃上策，把日本列为十五不征之国之一，著在《祖训》。

但是，一个国家要能行使它的统治权，先决问题是这个国家的统一。不幸在这时期，日本国内却陷于南北分裂的对峙局面，政治上的代表人物，在北朝是征夷将军源义满，在南朝是征西将军怀良亲王，北朝虽愿和中国通商，解决它财政上的困难，南朝却以倭寇为利，且以政治地位的关系，也不肯让北朝和明有任何外交关系。以此，明廷虽经几度的努力，终归无效，结果仍不得不采取下策，行闭关自守之计。

第一次的倭寇交涉完全是恐吓性质，洪武二年三月明廷派吴用、颜宗鲁、杨载、吴文华使日，到征西府责以倭寇责任诏书云：

> ……间者山东来奏，倭兵数寇海边，生离人妻子，损害物命，故修书特报正统之事，兼谕越海之由。诏书到日，

---

① 《续文章正宗》卷五（吴莱）《论倭》。

如臣奉表来庭，不臣则脩兵自固，永安境土，以永天休。如必为寇盗，朕当命舟师扬帆诸岛，捕绝其徒，直抵其国缚其王，岂不代天伐不仁者哉！惟王图之。[①]

怀良的答复是杀明使五人，拘留杨载、吴文华两人三个月方才放回。[②]

三年三月又做第二次交涉，以莱州府同知赵秩往谕，委婉劝导中含有恐吓的意味，诏书说：

……蠢尔倭夷，出没海滨为寇，已尝遣人往问，久而不答，朕疑王使之故扰我民，今中国奠安，猛将无用武之地，智士无所施其谋，二十年鏖战精锐，饱食终日，投食超距，方将整饬巨舟，致罪于尔邦，俄闻被寇者来归，始知前日之寇，非王之意，乃命有司暂停造舟之役。

鸣呼！朕为中国主，此皆天造地设，华夷之分。朕若效前王恃甲兵之众，谋士之多，远涉江海，以祸远夷安靖之民，非上帝之所托，亦人事之不然。或乃外夷小邦故逆

① 何乔远：《闽书》卷一四六《岛夷志》；《皇明驭倭录》卷一。

② 《修史为征》卷一《大明皇帝书》。

天道，不自安分，时来寇扰，此必神人共怒，天理难容，征讨之师，控弦以待；果能革心顺命，共保承平，不亦美乎！[①]

一面又派前曾使日之杨载送还捕获之日本海贼僧侣十五人，想用示惠的手腕，使日本自动地禁捕倭寇。[②]这一次的交涉，总算博得相当的成功。洪武四年十月怀良遣其臣僧祖来进表笺，贡方物，并僧九人来朝。又送至明州、台州被掳男女七十余口[③]。

日使祖来到南京后，明廷向之经过几度的咨询，才恍然知日本国内分裂情形，怀良并非日本国王，前几次的交涉，不幸都找错了对手。[④]

明廷于是改变方针，想和北朝直接交涉。洪武五年五月特派僧仲猷祖阐、无逸克勤为使，以日僧椿庭海寿、权中巽为通事，使者一行八人，送祖来回国[⑤]，先是建德二年（洪

---

① 《皇明驭倭录》卷一。

② 《修史为征》卷一《大明皇帝书》。

③ 《皇明驭倭录》卷一；《明史·日本传》。

④ 瑞溪周凤：《善邻国宝记》上。

⑤ 《皇明驭倭录》卷一；《明史·日本传》。

武四年）肥后守菊池武光奉怀良亲王起兵谋复筑紫，与今川贞世（了俊）战于镇西，败绩，贞世寻为镇西探题，势力方盛。[①]怀良由博多移于肥后之菊池。[②]明使一登岸，新设的北朝守土官见其与祖来同来，以为是征夷府向中国乞师回来的使节，因加以拘辱[③]，不久即遣送至京，滞留二月，始就归途[④]，途经征西府，怀良愤其秘密入京，及颁示大统历有使奉正朔之意，复加拘辱[⑤]，七年五月始还南京[⑥]。

这一次对北朝交涉的结果，北朝因连年征战，帑藏奇绌，正盼能和中国通商，解决财政上的困难，所以明使一至京，便完全容纳禁倭之请，一面因征西府梗中日商道，派兵来攻[⑦]，一面派僧宣闻溪（捴州太守圆宣）净业喜春备方物来贡，又送还所掳中国及高句骊民百五十人。这是征夷府第一次遣明的使

---

① 《日本外史》卷七《足利氏》上。

② 《阿苏文书》。

③ 宋濂：《翰苑续集》卷七《送无逸勤公出使还乡省亲序》。

④ 《花营三代记》。

⑤ 木宫秦彦：《日支交通史》《征西府与明朝之交涉》；《明史·日本传》

⑥ 《明史·日本传》。

⑦ 《日本外史》卷五《楠木氏》附北昌氏。

节，不幸因无正式国书，征南之举又失败，道路不通，被明廷疑为商人假冒，以拒绝接待。[1]

同年大隅守护之岛津氏久和征西府之菊池武政都遣使来贡，冀图通商，明廷以其非代表国家，且不奉正朔，均却之，又以频入寇掠，命中书移牒责之。[2]

洪武八年七月征西府遣僧廷用文圭（归廷用，圭廷用）奉表贡马及方物，表词倔强负固。[3]此时明廷对日方有进一步之了解，他们知道日本南朝在利用倭寇，万不肯加以禁止，自闭财源。北朝虽极盼通商，并愿禁倭，但为南朝所阻，无力制止，其他派使入贡者又全是不能代表政府的大名藩士和唯利是图的商人。外交解决的途径至此全穷，在事实上不能不放弃中策，予日本以经济上的封锁，一面严修海防为自卫之计了。

明廷虽已决计绝日，但在表面上仍和日本派来的正式使节虚与委蛇，希望能得外交上的转机。洪武十三四年间和征夷、征西两方打了几次笔墨官司[4]，征西府的挑战倔强态度，给明

---

① 《明史·日本传》；《大明会典》卷一〇五《主客清吏司》。

② 《皇明驭倭录》卷一；《明史·日本传》。

③ 《皇明驭倭录》卷一。

④ 《明太祖实录》卷一三二；《明太祖文集》卷二，卷一六《设礼部问日本国王、日本将军》。

廷以极大的侮辱，明廷极力容忍[1]，以后通使较稀，但仍未完全断绝外交关系。公元1383年怀良亲王死，北朝势旺，忙于国内之统一运动，和明廷的关系因之暂时停止。

根据以上简约的叙述，可知明初即已列日本为十五不征之国之一，其地位和朝鲜、安南、爪哇、渤泥诸国同。明廷决意绝日的原因是倭寇频繁，日政府不能禁止，无再向请求或恫吓之必要。且绝日的动机肇于洪武八年，在三次交涉失败之后，在胡惟庸死前五年，胡氏死后中日亦未完全断绝国交，时有使节往来。洪武十九年后的中日关系疏淡，则以倭患较稀，日本国内政治势力发生变化之故。由此可知一切关于胡惟庸和明初中日国际关系之传说，均系向壁虚造，毫无根据。

六　胡惟庸党案之真相

据上文所论证，我们知道关于中日关系部分：

（一）明初明廷通好日本的真正原因，纯为请其禁戢倭寇。在日本方面，征西府借海贼寇掠所得支撑偏局，一面虚与明廷委蛇，借得赏赐贸易之大利，故态度倔强，有恃无恐。征

---

[1] 《明史·日本传》。

夷府极盼能和明廷缔结正当的外交关系，盼能因而达通商的愿望，但因政局不统一，且阻于南朝之割据，没有禁倭的力量，兼之明廷数度来日的使节，都因不明国情而发生严重的误会。日本使节则因其非代表整个国家，不能禁倭，且有时无正式国书和商人冒名入贡因而入寇的阂隔，使明廷不敢接待。在明初十数年中虽努力交涉，用尽外交上恫吓讲理示惠的能事，但倭寇仍不因之少减，对方仍蛮不讲理，明廷不得已，改采下策，却仍藕断丝连，企图贯彻前策。

（二）明太祖列日本为十五不征之国，事在洪武六年以前，和如瑶贡舶及绝交事根本无关。

（三）如瑶贡舶事纯出捏造。即使有如瑶其人，亦与胡案无任何联属。

（四）林贤下海招倭事，据记载上之矛盾及时间上之不可能，亦可决为必无。虽证出官书，不足置信。

关于胡案部分：

（一）云奇事件出于中人附会，也许即由邵荣谋叛事转讹。

（二）刘基被毒，出于明太祖之阴谋。胡惟庸旧与刘基有恨，不自觉地被明太祖所利用，胡下狱后涂节窥见明太祖欲兴大狱之意旨因以此上告，商暠亦受朝廷指，发其阴事，胡案因起。同时涂节等因触明太祖私隐，亦被杀灭口。

（三）占城贡使事及汪广洋妾从死事都只是胡惟庸和廷臣连带下狱的偶然口实，不过借此使人知胡失宠，无形中示意言官使其攻击胡氏，因以罗织成狱的一个过程而已。

（四）李善长狱与封绩使元事根本无关系。《明史》诸书所记封绩事最荒谬不可信。李善长之被株连，其冤抑在当时解缙所代草之王国用疏辞辨之甚明。

胡惟庸的本身品格，据明人诸书所记是一个枭猾阴险、专权树党的人，以明太祖这样一个十足的、自私惨刻的怪杰自然是不能相处在一起。一方面深虑身后子懦孙弱，生怕和他自己并肩起事的一般功臣宿将不受制驭，因示意廷臣，有主张地施行一系列的大屠杀，胡案先起，继以李案，晚年太子死复继以蓝案。胡惟庸的被诛，不过是这一大屠杀案的开端。

胡案的组织过程，根据当时的公私记载，很显然地摆露在我们的眼前。在胡案初起时胡氏的罪状只是擅权植党，这条文拿来杀胡惟庸有余，要用以牵蔓诸勋臣宿将却未免小题大做，在事实上有替他制造罪状的必要。明代的大患是南倭北虏，人臣的大罪是结党谋叛，于是明太祖和他的秘书们便代替胡氏设想，巧为造作，弄一个不相干的从未到过北边的江苏人封绩，叫他供出胡惟庸通元的事迹，算作胡党造反的罪状。后来又觉得有破绽，便强替封绩改籍为河南人，改身份为元遗臣，又叫他攀出李善长，引起第二次屠杀。一面又随便拣一个党狱中人林贤，捏造出一串事迹，算他通倭。恰巧胡惟庸死后不久，日使或日商来华因无国书被明廷诘责，他们就把这两件事并为一事，装点成有因果关系，再加上洪武六年前所纂的《皇明祖训》中的文证，这反情便成铁案了。同时，中日关系因倭寇问题恶化，明廷感于外交的失败，不得不采取下策，闭关自守，却又不愿自承失败，贻讥藩属，就大事宣传名正言顺地把绝倭的责任委在莫须有先生的如瑶头上。为取信于天下后世计，又把事特别写在《大诰》中叫全国人读，一面又在《祖训》首章加入小注，于是胡惟庸之通虏通倭，成为信谳，明廷也从此脱卸了外交失败的耻辱。

除上文所说的政治的、国际的关系之外，胡案构交的因素，还有经济的阶级的关系在鼓动着。

明初连年用兵，承元疲敝之后，益以兵荒天灾，国库奇绌。一面又因天下未定，不能不继续用兵。明太祖及其部属大抵都出身卑贱，自来就不满于一般专事尅削的地主巨商，因此除不断用徙富民的政策以夺其田产以益军实外，又不断地寻出事来择肥而噬，屡兴大狱的目的只是措财筹款，最显著的如《明史·刑法志》所记郭桓事件：

郭桓吏部侍郎也。帝疑北平二司官吏李彧、赵全德等与桓为奸利，自六部左右侍郎下皆坐死。赃七百万，词连直省诸官吏，系死者数万人，覈赃所寄借遍天下，民中人之家大抵皆破。

只是一疑心，就筹出七百万的大款，这是一件最便当的生财大道。又如空印事件：

十五年空印事发。每岁布政司府州县吏诣户部覈钱粮军需诸事，以道远预持空印文书，遇部驳即改以为常。及是帝疑有奸，大怒，论诸长吏死，佐贰榜百戍边。

也只是一疑心，把天下的财政长官都杀了，杀头与籍没相连，这一疑心又自然地筹了一笔大款。胡案蓝案的副目的也不外此，在这一串党狱中，把一切够得上籍没资格的一起给网进去，除了不顺眼的文官、桀骜的宿将以外，他所特别注意的是由大地主充当的粮长和大富豪充当的盐商，如《大诰三编》所举出的于友、李茂实、陆和仲和他书所记的浦江郑氏、苏州沈氏诸狱，均足以证明此狱的动机。

一方面，明太祖自身出身寒贱，寄迹缁流，且又赋性猜嫌，深恐遭智识分子所讥刺。在他初起事的时候，不能不装作礼贤下士的神气，借作号召，及至大事已定，便不惜吹毛求疵，屡兴文字之狱。又恐智识分子不为所用，特颁《大诰》，立寰中士夫不为君用之目，一面算是严刑示威，一面却也不无带着一些嫉视的阶级意识。《大诰》中所列文士得罪者不下千人，在胡蓝二狱中所杀的几万人中大部分是属于智识分子，其中之著者如宋濂以一代帝师匡翊文运，仍不惜曲为归纳，以其孙慎与胡党有连为辞，流之致死。其他同时诸文士，凡和明太祖稍有瓜葛的也都不得善终，赵瓯北《廿二史劄记》曾替他算过一笔草账。另一方面却极力设学兴教，进用宋讷一流刻薄寡恩的教师，用廪禄刑责造就一批听命唯谨的新智识分子出来，做皇帝个人的驯仆，来代替老一辈的士大夫。这是明太祖巩固君权的方法，也是这几次大狱的起因。

（原载《燕京学报》第十五期，1934年6月）

明代靖难之役与国都北迁

一　明太祖的折中政策

自称为淮右布衣，出身于流氓而做天子的朱元璋，在得了势力称王建国之后，最惹他操心的问题，第一是怎样建立一个有力的政治中心，建立在何处；第二是用什么方法来维持他的统治权。

明太祖在初渡江克太平时（至正十五年六月，1355），当涂学者陶安出迎：

> 太祖问曰："吾欲取金陵，何如？"安曰："金陵古帝王都，取而有之，抚形胜以临四方，何向不克？"太祖曰："善！"①

① 《明史》卷一三六《陶安传》。

至正十八年叶兑献书论取天下规模：

今之规模，宜北绝李察罕（元将察罕帖木儿），南并张九四（吴张士诚），抚温、台，取闽、越，定都建康，拓地江、广，进则越两淮以北征，退则画长江而自守。夫金陵古称龙蟠虎踞，帝王之都，籍其兵力资财，以攻则克，以守则固。[①]

部将中冯国用亦早主定都金陵之说：

洪武初定淮甸，得冯国用，问以天下大计。国用对曰："金陵龙蟠虎踞，真帝王之都，愿先渡江取金陵，置都于此。然后命将出师，扫除群寇，倡仁义以收人心，天下不难定也。"上曰："吾意正如此。"[②]

参酌诸谋士的意见，经过了长期的考虑后，以至正二十六

---

① 《明史》卷一三五《叶兑传》。

② 孙承泽：《春明梦余录》卷一；《明史》卷一二九《冯胜传》附《冯国用传》。

年（1366）六月拓应天城，做新宫于钟山之阳，至次年九月新宫成，这是吴王时代的都城。同月灭吴张士诚，十月遣徐达等北伐，十二月取温、台，降方国珍，定山东诸郡县。

至正二十八年（1368）正月吴王称帝，改元洪武，汤和平福建，四月平广东、河南，七月广西平，八月徐达帅师入大都，元帝北走，十二月山西平，二年八月陕西平，南北一统。四年夏明升降，四川平，十五年平定云南，二十年元纳哈出降，辽东归附，天下大定。在这一长时期中，个人的地位由王而帝，所统辖的疆域由东南一隅而扩为全国。元人虽已北走，仍保有不可侮的实力，时刻有南下恢复的企图，同时沿海倭寇的侵轶也成为国防上的重大问题。在这样情形之下，帝都的重建和国防的设计是当时朝野所最瞩目的两大问题。

基于天然环境的限制，东南方面沿海数千里时时处处有被倭寇侵犯的危险，东北方面长城外即是蒙古人的势力，如不在险要处屯驻重兵，则黄河以北便非我有。防边须用重兵，如以兵权付诸将，则恐尾大不掉，有形成藩镇跋扈的危险，如以重兵直隶中央，则国都必须扼驻边界，以收统辖指挥之效。东南是全国的经济中心，东北为国防关系，又必须成为全国的军事中心。国都如建设在东南，则北边空虚，不能防御蒙古人的南侵，如建设在北边，则国用仍须仰给东南，转运劳费，极不合算。

在政治制度方面，郡县制和封建制的选择，也成为当前的难题。秦、汉、唐、宋之亡，没有强藩屏卫是许多原因中之一，周代封建藩国，则又枝强干弱，中央威令不施。这两者中的折中办法，是西汉初期的郡国制，一面设官分治集大权于中央，一面又封建子弟，使为国家扞御。这样一来，设国都于东南财赋之区，封子弟于东北边防之地，在经济上，在军事上，在统治权的永久维持上都得到一个完满的解决，这就是明太祖所采用的折中政策。

二　定都南京[①]

明太祖定都南京的重要理由是受经济环境的限制。第一因为江、浙富饶为全国冠，所谓“财赋出于东南，而金陵为其会”[②]。第二是吴王时代所奠定的宫阙，不愿轻易弃去，且若另建都邑，则又需重加一层劳费。第三从龙将相都是江、淮

---

① 旧名建业、建康、金陵，元为集庆，明太祖克集庆后以为应天府，洪武二年以为南京，十一年改为京师，成祖北迁后以为南京，以北京为京师。文中为行文便利计，除引原文处仍其原称外，一律称南京。

② 丘濬：《大学衍义补》“都邑之建”。

子弟，不愿轻去乡土。洪武元年四月取汴梁后，他曾亲到汴梁去视察，觉得虽然地位适中，可是四面受敌，形势还不及南京[①]，而在事实上，则西北未定，为转饷屯军计，不能不有一个军事上的后方重地，以便策应，于是仿成周两京之制以应天（金陵）为南京，开封为北京。二年八月陕西平，九月以临濠（安徽凤阳）为中都，事前曾和廷臣集议建都之地：

> 上召诸老臣问以建都之地，或言关中险固，金陵天府之国，或言洛阳天地之中，四方朝贡道里适均，汴梁亦宋之旧京，又言北平元之宫室完备，就之可省民力。上曰："所言皆善，惟时有不同耳。长安、洛阳、汴京实周、秦、汉、魏、唐、宋所建国。但平定之初，民力未苏息，朕若建都于彼，供给力役悉资江南，重劳其民。若就北平，要之宫室不能无更，亦未易也。今建业长江天堑，龙蟠虎踞，江南形胜之地，真足以立国。临濠则前江后淮，以险可恃，以水可漕，朕欲以为中都。何如？"群臣称善。至是始命有司建置城池宫阙，如京师之制焉。[②]

① 刘辰：《国初事迹》。

② 黄光昇：《昭代典则》。

在营建中都时，刘基曾持反对的论调，以为“凤阳虽帝乡，非建都地”[①]，八年四月罢营中都[②]。

洪武十一年（1378）以南京为京师。[③]太祖对于建都问题已经踌躇了十年，到这时才决定，可是为着要控制北边，仍时时有迁都的雄心，选定的地点仍是长安、洛阳和北平。当时献议都长安的有胡子祺：

> 洪武三年以文学选为御史，上书请都关中。帝称善，遣太子巡视陕西。后以太子薨，不果。[④]

他的理由是：

> 天下形胜地可都者四。河东地势高，控制西北，尧尝都之，然其地苦寒。汴梁襟带河、淮，宋尝都之，然其地平旷，无险可凭。洛阳周公卜之，周、汉迁之，然嵩、邙非有

① 《明史》卷一二八《刘基传》。

② 《明史》卷二《太祖本纪》二。

③ 《明史》卷四〇《地理志》一。

④ 《明史》卷一四七《胡广传》。

郁函、终南之阻，涧、瀍、伊，洛非有泾、渭、灞浐之雄。夫据百二河山之胜，可以耸诸侯之望，举天下莫关中若也。[①]

皇太子巡视陕西在洪武二十四年，则太祖在十一年定都南京以后仍有都长安之意。皇太子巡视的结果，是主张定都洛阳：

> 太祖以江南地薄，颇有迁都之意，八月命皇太子往视关、洛。皇太子志欲定都洛阳，归而献地图，明年四月以疾薨。[②]

郑晓记此事始末，指出迁都的用意在控制西北：

> 国朝定鼎金陵，本兴王之地，然江南形势终不能控制西北，故高皇时已有都汴、都关中之意，以东宫薨而中止。[③]

《明史》记：

> 太子还，献陕西地图，遂病。病中上言经略建都事。[④]

---

① 《明史》卷一一五《兴宗孝康皇帝传》。

② 姜清：《姜氏秘史》卷一。

③ 郑晓：《今言》卷二七四。

④ 《明史》卷一一五《兴宗孝康皇帝传》。

是则假使太子不早死，也许在洪武时已迁都到洛阳或长安了。又议建都北平：

逮平陕西，欲置都关中，后以西北重地非自将不可，议建都于燕，以鲍频力谏而止。[1]

何孟春记鲍频谏都北平事说：

太祖平一天下，有北都意。尝御谨身殿亲策问廷臣曰："北平建都可以控制边塞，比南京何如？"修撰鲍频对曰："元主起自沙漠，立国在燕今百年，地气天运已尽，不可因也。南京兴王之地，宫殿已完，不必改图。传曰：'在德不在险也。'"[2]

明太祖晚年之想迁都，次要的原因是南京新宫风水不好。顾炎武记：

南京新宫吴元年作。初大内填燕尾湖为之，地势中下南

---

① 《春明梦余录》卷一。

② 何孟春：《余冬录》卷二。

高而北卑。高皇帝后悔之。二十五年祭光禄寺灶神文曰：“朕经营天下数十年，事事按古有绪。维宫城前昂后洼，形势不称，本欲迁都。今朕年老，精力已倦。又天下新定，不欲劳民，且兴废有数，只得听天。惟愿鉴朕此心，福其子孙。”①

由此看来，从洪武初年到二十四年这一时期中，明太祖虽然以南京做国都，可是为了控制北边的关系，仍时时有迁都的企图。迁都到北边最大的困难是漕运艰难，北边硗瘠，如一迁都，则人口必骤然增加，本地的粮食不能自给，必须仰给东南，烦费不资，次之重新创建城地宫阙，财力和人力耗费过多。懿文太子死后，这老皇帝失去勇气，就从此不再谈迁都了。

三　封建诸王

洪武二年四月编《祖训录》，定封建诸王之制②，在沿边要塞，均置王国：

① 顾炎武：《天下郡国利病书》卷一〇三《江南》一。

② 《明史》卷二《太祖本纪》二。

> 明兴，高皇帝以宋为惩，内域削弱，边圉勿威，使胡人得逞中原而居闰位。于是大封诸子，连亘边陲。北平天险，为元故都，以王燕；东历渔阳、卢龙，出喜峰，包大宁，控塞葆山戎，以王宁；东渡榆关，跨辽东，西并海被朝鲜，联开原，交市东北诸夷，以王辽；西按古北口，濒于雍河，中更上谷、云中，巩居庸，蔽雁门，以王谷若代；雁门之南，太原其都会也，表里河山，以王晋；逾河而西，历延、庆、韦、灵，又逾河北，保宁夏，倚贺兰，以王庆；兼殽、陇之险，周、秦都圻之地，牧垧之野，直走金城，以王秦；西渡河领张掖、酒泉诸郡，西扃嘉峪，护西城诸国，以王肃。此九王者皆塞王也，莫不敷险陋，控要害，佐以元戎宿将，权崇制命，势匹抚军，肃清沙漠，垒帐相望。[①]

在内地则有：

> 周、齐、楚、潭、鲁、蜀诸王，护卫精兵万六千余人，牧马数千匹，亦皆部兵耀武，并列内郡。[②]

---

① 何乔远：《名山藏》卷一《分藩记》。

② 何乔远：《名山藏》卷一《分藩记》。

洪武五年置亲王护卫指挥使司，每府设三护卫[①]，护卫甲士少者三千人，多者至万九千人[②]，王国中央所派守镇兵亦得归王调遣：

> 凡王国有守镇兵，有护卫兵，其守镇兵有常选指挥掌之，其护卫兵从王调遣。如本国是险要之地，遇有警急，其守镇兵、护卫兵并从王调遣。[③]

守镇兵之调发，除御宝文书外并须得王令旨方得发兵：

> 凡朝廷调兵须有御宝文书与王，并有御宝文书与守镇官。守镇官既得御宝文书，又得王令旨，方许发兵。无王令旨，不得发兵。[④]

扼边诸王尤险要者，兵力尤厚。如宁王所部至“带甲

---

① 《明史》卷九十《兵志》二“卫所”条。

② 《明史》卷一一六《诸王传序》。

③ 《皇明祖训》“兵卫”条。

④ 《皇明祖训》“兵卫”条。

八万，革车六千，所属朵颜三卫骑兵皆骁勇善战”[①]。洪武十年又以羽林等卫军益秦、晋、燕三府护卫[②]，时蒙古人犹图恢复，屡屡南犯。于是徐达、冯胜、傅友德诸大将数奉命往北平、山西、陕西诸地屯田练兵，为备边之计。又诏诸王近塞者每岁秋勒兵巡边[③]，远涉不毛，校猎而还，谓之肃清沙漠[④]。诸王封并塞居者皆预军务，而晋、燕二王尤被重寄，数命将兵出塞及筑城屯田，大将如宋国公冯胜、颍国公傅友德皆受节制[⑤]，洪武二十六年三月诏二王军务大者始以闻[⑥]，由此军中事皆得专决。一方面又预防后人懦弱，政权有落于权臣和异姓人之手的危险，特授诸王以干涉中央政事之权。诸王有权移文中央索取奸臣：

若大臣行奸，不令王见天子，私下傅致其罪而遇不幸者，到此之时，天子必是昏君。其长史司并护卫移文五军都督府，

① 《明史》卷一一七《宁王传》。

② 《明史》卷二《太祖本纪》二。

③ 《明史》卷九一《兵志》三“边防”条。

④ 祝允明：《九朝野记》卷一。

⑤ 《明史》卷一一六《晋王传》。

⑥ 《明史》卷三《太祖本纪》三。

索取奸臣，都督府捕奸臣奏斩之，族灭其家。①

甚至得举兵入清君侧：

如朝无正臣，内有奸恶，则亲王训兵待命。天子密诏诸王统领镇兵讨平之。②

又怕后人变更他的法度，把一切天子亲王大臣所应做和不应做的事都定为祖训，叫后人永远遵守。洪武二十八年九月正式颁布《皇明祖训条章》于中外，并下令后世有言更祖制者以奸臣论③，由此诸王各拥重兵，凭据险厄，并得干涉国事，在军事上和政治上都握大权，渐渐地酿成了外重内轻之势。

分封过制之害，在洪武九年叶伯巨即已上书言之，他说：

先王之制，大都不过三国之一，上下等差，各有定分，所以强干弱枝，遏乱源而崇治本耳。今裂土分封，使诸王

① 《皇明祖训》"法律"条。

② 《皇明祖训》"法律"条。

③ 《明史》卷三《太祖本纪》三。

各有分地，盖惩宋、元孤立，宗室不竞之弊。而秦、晋、燕、齐、梁、楚、吴、蜀诸国，无不连邑数十，城郭宫室亚于天子之都，优之以甲兵卫士之盛。臣恐数世之后，尾大不掉，然后削其地而夺之权，则必生觖望，甚者缘间而起，防之无及矣……愿及诸王未之国之先，节其都邑之制，减其卫兵，限其疆理，亦以待封诸王之子孙。此制一定，然后诸王有贤且才者入为辅相，其余世为藩屏，与国同休。割一时之恩，制万世之利，消天变而安社稷，莫先于此。

书上以难间骨肉坐死。[①]其实这时诸王止建藩号，尚未就国，有远见的人已经感觉到不祥的预兆了。到洪武末年诸王数奉命出塞，强兵悍卒，尽属麾下，这时太祖衰病，皇太孙幼弱，也渐渐地感觉到强藩的迫胁了。有一次他们祖孙曾有如下的谈话：

先是太祖封诸王，辽、宁、燕、谷、代、晋、秦、庆、肃九国皆边虏，岁令训将练兵，有事皆得提兵专制便防御。因语太孙曰："朕以御虏付诸王，可令边尘不动，贻汝以

① 《明史》卷一三九《叶伯巨传》。

安。”太孙曰：“虏不靖，诸王御之，诸王不靖，孰御之？”太祖默然良久，曰：“汝意何如？”太孙曰：“以德怀之，以礼制之，不可则削其地，又不可则废置其人，又其甚则举兵伐之。”太祖曰：“是也，无以易此矣。”[①]

太孙又和黄子澄密谋定削藩之计：

惠帝为皇太孙时，尝坐东角门，谓子澄曰：“诸王尊属拥重兵，多不法，奈何？”对曰：“诸王护卫兵才足自守，倘有变，临以六师，其谁能支？汉七国非不强，卒底亡灭。大小强弱势不同，而顺逆之理异也。”太孙是其言。[②]

即位后高巍、韩郁先后上书请用主父偃推恩之策：“在北诸王，子弟分封于南；在南，子弟分封于北。如此则藩王之权，不削而自削。”[③]当局者都主削藩，不用其计而靖难师起。

---

① 尹守衡：《明史窃革除纪》。

② 《明史》卷一四一《黄子澄传》。

③ 《明史》卷一四三《高巍传》。

四　靖难

明太祖在位三十一年（1368—1398），皇太子标早卒，太孙允炆继位，是为惠帝（1399—1402）。时太祖诸子第二子秦王樉、第三子晋王棡均先卒，四子燕王棣、五子周王棣及齐、湘、代、岷诸王均以尊属拥重兵，多不法，朝廷孤危。诸王中燕王最雄杰，兵最强，尤为朝廷所嫉。惠帝用黄子澄、齐泰计谋削藩：

> 泰欲先图燕。子澄曰："不然。周、齐、湘、代、岷诸王，在先帝时尚多不法，削之有名。今欲问罪，宜先周。周王，燕之母弟[①]，削周是削燕手足也。"[②]

定计以后，第一步先收回王国所在地之统治权，下诏"王

① 高皇后无子。懿文太子标，秦王樉、晋王棡，李淑妃出。燕王棣、周王橚，碽妃出。均为高皇后养子，故燕王起兵时冒称高后嫡子，以图耸动天下耳目，且以为三兄俱死，已伦序当立。说详《清华学报》十卷三期吴晗《明成祖生母考》。

② 《明史》卷一四一《黄子澄传》。

国吏民听朝廷节制，惟护卫官军听王”[1]，建文元年二月又“诏诸王毋得节制文武吏士”[2]，收回兵权及在王国之中央官吏节制权。洪武三十一年八月废周王橚为庶人，建文元年四月湘王柏惧罪自焚死，齐王榑、代王桂有罪，废为庶人，六月废岷山梗为庶人。

燕王智勇有大略，妃徐氏为开国元勋徐达女，就国后，徐达数奉命备边北平，因从学兵法。徐达死后，诸大将因胡惟庸、蓝玉两次党案诛杀殆尽，燕王遂与秦、晋二王并当北边御敌之任。洪武二十三年正月与晋王率师往讨元丞相，咬住太尉乃儿不花，征虏前将军颍国公傅友德等皆听节制，三月师次迤都，咬住等降[3]，获其全部而还，太祖大喜，是后屡率诸将出征，并令王节制沿边士马，威名大震。[4]二十四年四月督傅友德诸将出塞，败敌而还。二十六年三月冯胜、傅友德备边山西、北平，其属卫将校悉听晋王、燕王节制。二十八年正月率总兵官周兴出辽东塞，自开原追敌至甫答迷城，不及而还。

---

① 《明史纪事本末》卷一五；《明史》卷一四一《齐泰传》。

② 《明史》卷四《恭闵帝本纪》。

③ 《明史》卷三《太祖本纪》三。

④ 《明史》卷五《成祖本纪》一。

二十九年率师巡大宁，败敌于彻彻儿山，又追败之于兀良哈秃城而还。三十一年率师备御开平。[1]太祖崩后，自以为三兄都已先死，伦序当立，不肯为惠帝下。周、湘诸藩相继得罪，遂决意反，阴选将校，勾军卒，收材勇异能之士，日夜铸军器。[2]建文元年七月杀朝廷所置地方大吏，指齐泰、黄子澄为奸臣，援引祖训，入清君侧，称其师曰靖难。

兵起时惠帝正在和方孝孺、陈迪一些文士讨论周官法度，更定官制，讲求礼文。当国的齐泰、黄子澄也都是书生，不知兵事，以旧将耿炳文为大将往讨。八月耿炳文兵败于滹沱河，即刻召还，代以素不知兵的勋戚李景隆。时燕王已北袭大宁，尽得朵颜三卫犷骑而南。景隆乘虚攻北平，不能克，燕王回兵大破之。二年四月燕王又败景隆兵于白沟河、德州，进围济南，三月不克，为守将盛庸所掩击，大败解围去。九月盛庸代李景隆为大将军，十二月大败燕兵于东昌，燕大将张玉战死，精锐丧失几尽。三年燕兵数南下，胜负相当，所攻下的城邑，兵回又为朝廷拒守，所据有的地方不过北平、保定、永平三府。恰好因惠帝待宫中宦官极严厉，宦官被黜责的逃奔燕军，

---

① 《明史》卷三《太祖本纪》三。

② 《明史》卷一四五《姚广孝传》。

告以京师虚实。十二月复出师南下，朝廷遣大将徐辉祖（达子，燕王妃兄）出援山东，与都督平安大败燕兵于齐眉山，燕军谋遁还。惠帝又轻信谣言，以为燕兵已退，一面也不信任徐辉祖，召之还朝，前方势孤，相继败绩。燕兵遂渡淮趋扬州，江防都督陈瑄以舟师迎降，径渡江进围南京，谷王穗及李景隆开金川门迎降，宫中火起，惠帝不知所终。燕王入京师即帝位，是为成祖（1403—1424）。[①]

成祖入南京后做的第一件事是对主削藩议者的报复，下令大索齐泰、黄子澄、方孝孺等五十余人，榜其姓名曰奸臣，大行屠杀，施族诛之法，族人无少长皆斩，妻女发教坊司，姻党悉戍边。方孝孺之死，宗族亲友前后坐诛者至八百七十三人[②]，万历十三年（1585）释坐孝孺谪戍者后裔凡千三百余人[③]。即位后的第一件事是尽复建文中所更改的一切成法和官制，表明他起兵的目的是在拥护祖训和问惠帝擅改祖宗成法之罪[④]，由此《祖训》成为明朝一代治国的经典，太祖时所定的

① 《明史》卷四《恭闵帝纪》，卷五《成祖纪》一，卷一四四《盛庸传》，卷一二六《李文忠传》，卷一二五《徐达传》；《明史纪事本末》卷一六。

② 《明史纪事本末》卷一八。

③ 《明史》卷一四一《方孝孺传》。

④ 《明史》卷五《成祖本纪》一；钞本《燕王令旨》。

法令到后来虽然时移事变，也不许有所更改。太祖时所曾施行的制度，也成为一代的金科玉律，无论无理到什么地步，也因为是祖制而不敢轻议，内中如锦衣卫和廷杖制，最为有明一代的弊政。为成祖所创的有宦官出使专征监军分镇的制度，和皇帝的侦察机关东、西厂。

五　迁都北京

成祖以边藩篡逆得位，深恐其他藩王也学他的办法再来一次靖难，即位之后，也采用惠帝的削藩政策，以次收诸藩兵权，非惟不使干预政事，且设立种种苛禁以约束之。建文四年（1402）徙谷王于长沙，永乐元年徙宁王于南昌，以大宁地界从靖难有功之朵颜、福余、泰宁三卫，以偿前劳[①]。削代王、岷王护卫，四年削齐王护卫，废为庶人，十年削辽王护

---

① 《明史》卷三二八《朵颜三卫传》。《成祖本纪》（二）永乐元年三月“始以大宁地界兀良哈”，《兵志》三同。按兀良哈为地名，在潢水（即西喇木伦Sira Muren）北。西起兴安岭，东至哈尔滨、长春等平野。南有全宁卫，更南有大宁卫。《太祖高皇帝实录》卷一九六：“二十二年五月辛卯，置泰宁、朵颜、福余三卫指挥使司于兀良哈之地以居降胡。”明人习称泰宁、朵颜、福余为兀良哈三卫，更节为兀良哈。兀良哈及三卫之名称由来，详见日本箭内亘《兀良哈三卫名称考》。

卫（辽王已于建文元年徙荆州），十五年谷王以谋反废，十八年周王献三护卫。尽削诸王之权，于护卫损之又损，必使其力不足与一镇抗。[①]到宣宗时汉王高煦，武宗时安化王寘鐇、宁王宸濠果然援例造反，遂更设为厉禁，诸王行动不得自由，即出城省墓亦须奏请，二王不得相见[②]，受封后即不得入朝[③]，甚至在国家危急时，出兵勤王亦所不许[④]，只能衣租食税，凭着王的位号在地方上作威福，肆害官民[⑤]；王以下的宗人生则请名，长则请婚于朝，禄之终身，丧葬予费[⑥]；仰食于官，不使之出仕，又不许其别营生计，"不农不仕，吸民膏髓"[⑦]。生齿日藩，国力不给，世宗时御史林润言：

> 天下岁供京师粮四百万石，而诸府禄米凡八百五十三万石。以山西言，存留百五十二万石，而宗禄三百十二万。以

---

① 万言：《管邨文钞内编》二《诸王世表序》。

② 《明史》卷一二〇《诸王传》，卷一一九《襄王传》。

③ 《明史》卷一一九《崇王传》。

④ 《明史》卷一一八《韩王传》《唐王传》。

⑤ 赵翼：《廿二史札记》卷三二《明分封宗藩之制》。

⑥ 《明史》卷一一六《诸王传序》。

⑦ 《明史》卷二一四《靳学颜传》。

河南言，存留八十四万三千石，而宗禄百九十二万。[1]

不得已大加减削，宗藩日困。[2]枣阳王祐楒“请除宗人禄，使以四民业自为生，贤者用射策应科第”，不许。[3]万历二十二年（1594）郑靖王世子载堉请许宗室皆得儒服就试，毋论中外职，中式者视才品器使[4]，从此宗室方得出仕。国家竭天下之力来养活十几万游荡无业的贵族游民，不但国力为之疲敝不支，实际上宗室又因不能就业而陷于贫困，势不能不作奸犯科，扰害平民，这也是当时创立“祖制”的人所意想不到的。

成祖削藩的结果，宁、谷二王内徙，尽释诸王兵权，北边空虚。按照当时的情势，“四裔北边为急，倏来倏去，边备须严。若畿甸去远而委守将，则非居重取轻之道”[5]。于是有迁都北京之计，以北京为行在，屯驻重兵，抵御蒙古人的入侵：

太宗靖难之勋既集，切切焉为北顾之虑，建行都于燕，

① 《明史》卷八二《食货志》六。

② 《明史》卷一〇〇《诸王世表序》。

③ 《明史》卷一一九《襄王传》附《枣阳王传》。

④ 《明史》卷一一九《郑王传》。

⑤ 章潢：《图书编》卷三三《论北龙帝都垣局》。

因而整戈秣马，四征弗庭，亦势所不得已也。銮舆巡幸，劳费实繁。易世而后，不复南幸，此建都所以在燕也。[①]

合军事与政治中心为一，以国都当敌。朱健曾为成祖迁都下一历史的、地理的解释。他说：

自古建立都邑，率在北土，不止我朝，而我朝近敌为甚。且如汉袭秦旧都关中，匈奴入寇，烽火辄至甘泉。唐袭隋旧都亦都关中，吐蕃入寇，辄到渭桥。宋袭周旧都汴，西无灵夏，北无燕、云，其去契丹界直浃旬耳。景德之后亦辄至澶渊。三治朝幅员善广矣，而定都若此者何？制敌便也。我朝定鼎燕京，东北去辽阳尚可数日，去渔阳百里耳。西北去云中尚可数日，去上谷亦仅倍渔阳耳。近敌便则常时封殖者尤勤，常时封殖则一日规画措置者尤亟。是故去敌之近，制敌之便，莫有如今日者也。[②]

建都北京的最大缺点是北边粮食不能自给，必须仰给东

① 顾祖禹：《读史方舆纪要》卷一〇《直隶方舆纪要》序。

② 朱健：《古今治平略》“古今都会”条。

南。海运有风波之险，由内河漕运则或有时水涸，或被“寇盗”所阻，稍有意外，便成问题：

> 今国家燕都可谓百二山河，天府之国，但其间有少不便者，漕粟仰给东南耳。运河自江而淮，自淮而黄，自黄而汶，自汶而卫，盈盈衣带，不绝如线，河流一涸，则西北之腹尽枵矣。元时亦输粟以供上都，其后兼之海运。然当群雄奸命之时，烽烟四起，运道梗绝，惟有束手就困耳。此京师之第一当虑者也。[①]

要解决这两个困难，则第一必须大治河道，第二必须仍驻重兵于南京，镇压东南。成祖初年，转漕东南，水陆兼挽，仍元人之旧，参用海运，而海运多险，陆运亦艰。九年命宋礼开会通河，十三年陈瑄凿清江浦，通北京漕运，直达通州，而海陆运俱废。[②]运粮官军十二万人，有漕运总兵及总督统之。[③]

---

① 谢肇淛：《五杂俎》。

② 《明史》卷五《成祖本纪》二，卷八五《河渠志》三，卷七九《食货志》三。

③ 《明史》卷七六《职官志》五，卷七九《食货志》三。

十九年（1421）迁都北京后，以南京为留都，仍设五府六部官，并设守备掌一切留守防护之事，节制南京诸卫所。①

永乐元年以北平为北京，四年诏以明年五月建北京宫殿，十八年北京郊庙宫殿成，诏以北京为京师，不称行在。②实际上，自七年以后，成祖多驻北京，以皇太子在南京监国，自邱福征本雅失里汗败死后，五入漠北亲征。③自十五年北巡以后，即不再南返。南京在事实上，从七年北巡后即已失去政治上的地位，十九年始正式改为陪都。

迁都之举，当时有一部分人不了解成祖的用心，力持反对论调：

> 初以殿灾诏求直言，群臣多言都北京非便。帝怒，杀主事萧仪，曰："方迁都时，与大臣密议，久而后定，非轻举也。"④

仁宗即位（1425）后，胡濙从经济的立场"力言建都北京

---

① 《明史》卷七六《职官志》五。

② 《明史》卷七《成祖本纪》三。

③ 八年征鞑靼本雅失里，十二年征瓦剌马哈木，二十年至二十二年三征鞑靼阿鲁台。

④ 《明史》卷一四九《夏原吉传》。

非便，请还南都，省南北转运供亿之烦”[①]，于是又定计还都南京，洪熙元年三月诏北京诸司悉称行在。五月仁宗崩，迁都之计遂又搁置不行[②]，一直到英宗正统六年（1441）北京三殿两宫都已告成，才决定定都北京，诏文武诸司不称行在，仍以南京为陪都[③]。

成祖北迁以后，三面临敌，边防大重。东起鸭绿，西抵嘉峪，绵亘万里，分地守御。初设辽东、宣府、大同、延绥四镇，继设宁夏、甘肃、蓟州三镇，又加上太原、固原，是为九边。[④]每边各设重兵，统以大将，副以褊裨，监以宪臣，镇以开府，联以总督，无事则画地防守，有事则犄角为援。[⑤]失策的是即位后即徙封宁王于江西，把大宁一带地[⑥]，送给从征有功的朵颜三卫，自古北口至山海关隶朵颜卫，自广宁前屯卫西至广宁镇白云山隶泰宁卫，自白云山以北至开原隶福余卫。而幽燕东北之险，中国与夷狄共之，胡马疾驰半日可抵关

① 《明史》卷一六九《胡濙传》。

② 《明史》卷八《仁宗本纪》。

③ 《明史》卷一〇《英宗前纪》。

④ 《明史》卷九一《兵志》三。

⑤ 黄道周：《博物典汇》卷一九，九边。

⑥ 今热河平泉、赤峰、朝阳等县地。

下。辽东广宁、锦义等城自此与宣府、怀来隔断，悬绝声不相联。[①]又以东胜[②]孤远难守，调左卫于永平，右卫于遵化而墟其地。[③]兴和[④]为阿鲁台所攻，徙治宣府卫城而所地遂虚。[⑤]开平[⑥]为元故都，地处极边，西接兴和而达东胜，东西千里，最为要塞。自大宁弃后，宣、辽隔绝，开平失援，胡虏出没，饷道艰难，宣德五年（1430）从薛禄议，弃开平，徙卫于独石[⑦]，后来“三岔河弃而辽东悚，河套弃而陕右警，西河弃而甘州危”[⑧]，国防遂不可问。初期国力尚强，对付外敌的方法是以攻为守，太祖、成祖、宣宗三朝并大举北征，以兵力逼蒙古人远遁，使之不敢近塞。英宗以后国力渐衰，于是只以守险为上策，坐待敌来，诸要塞尽弃而边警由之日亟。正统十四

---

① 严从简：《殊域周咨录》卷一六《鞑靼》。

② 今绥远托克托县及蒙古茂明安之地。

③ 《明史》卷九一《兵志》三，卷四二《地理志》二“山西”条。

④ 元兴和路，自张家口以北至内蒙古苏尼特旗皆其境。洪武三年为府，后废。三十年置兴和守御千户所。今察哈尔张北县治即兴和故城。

⑤ 《明史》卷四〇《地理志》一“京师”条。

⑥ 在今察哈尔多伦县地。

⑦ 《明史》卷四〇《地理志》一；《殊域周咨录》卷一七《鞑靼》；方孔炤：《全边略纪》卷三《宣府略》。

⑧ 《博物典汇》卷一九。

年（1449）瓦剌也先入寇围北京，嘉靖二十九年（1550）鞑靼俺答入寇薄都城，这两次的外寇都因都城兵力厚不能得志，焚掠近畿而去。崇祯十七年（1644）李自成北上，宣府和居庸的守臣都开门迎降，遂长驱进围北京，太监曹化淳又开门迎入，明遂亡。由此看来，假如成祖当时不迁都北京，自以身当敌冲，也许在前两次蒙古人入犯时，黄河以北已不可守，宋人南渡之祸，又要重演一次了。

（原载《清华学报》第十卷，
第四期，1935年10月，有删节）

明代的锦衣卫和东西厂

一

在旧式的政体之下，皇帝只是代表他的家族以及外环的一特殊集团的利益，比较被统治的人民，他的地位，不但孤立，而且永远是在危险的边缘，尊严的、神圣的宝座之下，酝酿着待爆发的火山。为了家族的威权和利益的持续，他们不得不想尽镇压的法子，公开的律例、刑章，公开的军校和法庭不够用，也不便用，他们还需要造成恐怖空气的特种组织，特种监狱和特种侦探，来监视每一个可疑的人，可疑的官吏，他们在民间，在茶楼酒馆，在集会场所，甚至在交通孔道，大街小巷，处处活动。执行这些任务的特种组织，历代都有。在汉有“诏狱”和“大谁何”，在唐有“丽景门”和“不良人”，在宋有“诏狱”和“内军巡院”，在明有锦衣卫和东西厂，在袁世凯时代则有“侦缉队”。

锦衣卫和东西厂明人后称为厂卫。从14世纪后期一直到17世纪中叶，这两机关始终存在（中间曾经几度短期的废止，但不久即复设）。锦衣卫是内廷的侦察机关，东厂则由宦官提督，最为皇帝所亲信，即锦衣卫也受其侦察。锦衣卫初设于明太祖时，是内廷亲军，皇帝的私人卫队，不隶都督府。其下有南北镇抚司，南镇抚司掌本卫刑名，北镇抚司专治诏狱，可以直接取诏行事，不必经过外廷法司的法律手续，甚至本卫长官亦不得干预。[①]锦衣卫的正式职务，据《明史·职官志》说是“掌侍卫缉捕刑狱之事，凡盗贼奸宄街涂沟洫，密缉而时省之”。经过嘉靖初年裁汰后，缩小职权，改为“专察不轨妖言人命强盗重事”[②]，其实最主要的还是侦察“不轨妖言”，不轨指政治上的反动者或党派，妖言指宗教的集团，如弥勒教、白莲教、明教等。明太祖出身于香军，深知“弥勒降生”和“明王出世”等宗教传说，对于渴望改善生活的一般农民所发生的政治作用是如何重大。他尤其了解聚众结社对现实政权有如何重大的意义和威胁，他从这两种活动中得到政权，也已

① 王世贞：《锦衣志》。

② 《明史》卷九五《刑法志》。

为这政权立下基础，唯一使他焦急的问题是如何才能永远子子孙孙都能不费事地继承这政权。他所感觉到的严重危机有两方面：其一是并肩起事的诸将，个个都身经百战，枭悍难制；其二是出身豪室的文臣，他们有地方的历史势力，有政治的声望，又有计谋，不容易对付。这些人在他在位的时候，固然镇压得下，但也还惴惴不安。身后的继承人呢，太子忠厚柔仁，只能守成，不能应变。到太子死后，他已是望七高年，太孙不但幼稚，而且比他儿子更不中用，成天和一批腐儒接近，景慕三王，服膺儒术，更非制驭枭雄的角色。他为着要使自己安心，要替他儿孙斩除荆棘，便不惜用一切可能的残酷手段，大兴胡蓝党案，屠杀功臣，又用整顿吏治，治乱国用重刑的口实，把中外官吏、地主豪绅也着实淘汰了一下，锦衣卫的创立和授权，便是发挥这个作用。经过几次的大屠杀以后，臣民侧足而立，觉得自己的地位已经安定了。为了缓和太过紧张的空气，洪武二十年（1389）下令焚毁锦衣卫刑具，把锦衣卫所禁闭的囚徒都送刑部。再隔六年，胡党、蓝党都已杀完，不再感觉到政治上的逼胁了，于是又解除锦衣卫的典诏狱权，诏内外狱毋得上锦衣卫，大小案件都由法司治理，天下从此算太平了。[①]

① 《明史》卷九五《刑法志》。

不到十年，帝位发生争执，靖难兵起，以庶子出藩北平的燕王入居大位，打了几年血仗，虽然到了南京，名义上算做了皇帝，可是地位仍不稳固。因为第一，建文帝有出亡的传说，宫内自焚的遗体中不能决定是否建文帝也在内，万一建文帝未死，很有起兵复国的可能。第二他以庶子僭位，和他地位相同的十几个亲王看着眼红，保不住也重玩一次靖难的把戏（这一点在他生前算是过虑，可是到孙子登位后，果然又闹了一次叔侄交兵）。第三当时他的兵力所及的只是由北平到南京一条交通线，其他地方只是外表表示服从。第四建文帝的臣下，在朝的如曹国公李景隆、驸马都尉梅殷等，在地方的如盛庸、平安、何福等都曾和他敌对作战，其他地方官吏、文武臣僚也都是建文旧人，不能立刻全盘更动，更使他感觉有临深履薄的恐惧。在这样的情况之下，他用得着他父亲传下的衣钵，于是锦衣卫重复活动，一直到亡国，始终做皇帝的耳目，担任猎犬和屠夫的双重任务。

锦衣卫虽然亲近，到底是外官，也许会徇情面，仍是不能放心。明成祖初起时曾利用建文帝左右的宦官探消息，即位以后，以为这些内官忠心可靠，特设一个东厂，职务是“缉访谋逆、妖言、大逆等”，完全和锦衣卫相同。属官有贴刑，以锦衣卫千百户充任，所不同的是用内臣提督，通常都以司礼监秉笔太监第二人或第三人派充，关系和皇帝最密切，威权也最重。[1]以后虽有时废罢，名义也有时更换为西厂或外厂，或东西厂内外厂并设，或在东西厂之上加设内行厂，连东西厂也在伺察之下，但在实际上，厂的使命是没有什么变更的。

厂与卫成为皇帝私人的特权侦探机关，其统系是锦衣卫监察侦伺一切官民，东（西）厂侦察一切官民及锦衣卫，有时或加设一最高机构，侦探一切官民和厂卫，如刘瑾的内行厂和冯保的内厂，皇帝则直接监督一切侦缉机关。如此层层缉伺，层层作恶，人人自疑，人人自危，造成了政治恐怖。

二

厂卫同时也是最高法庭，有任意逮捕官吏平民，加以刑讯判罪和行刑的最高的法律以外的权力。

卫的长官是指挥使，其下有官校，专司侦察，名为缇骑。嘉靖时陆炳官缇帅，所选用卫士缇骑皆都中大豪，善把持长短，多耳目，所睚眦无不立碎，所招募畿辅秦晋齐鲁间骈胁超乘迹射之士以千计，卫之人鲜衣怒马而仰度支者凡十五六万

① 《明史》卷九五《刑法志》，卷七五《职官志》。

人。[1]四出迹访："凡缙绅之门，各有数人往来其间，而凡所缉访，止属风闻，多涉暧昧，虽有心口，无可辩白。各类计所获功次，以为升授。凭其可逞之势，而邀其必获之功，捕风捉影，每附会以仇其奸，非法拷讯，时威逼以强其认。"[2]结果，一般仕宦阶级都吓得提心吊胆，"常晏起早阖，毋敢偶语，旗校过门，如被大盗"[3]。抓到了人时先找一个空庙祠宇榜掠了一顿，名为打桩，"有真盗幸免，故令多攀平民以备数者，有括家囊为盗赃，而通棍恶以证其事者，有潜种图书，陷人于妖言之律者，有怀挟伪批，坐人以假印之科者，有姓名仿佛而荼毒连累以死者"，访拿所及，则"家赀一空，甚至并同室之有而席卷以去，轻则匿于挡头火长校尉之手，重则官与瓜分"。被访拿的一入狱门，便无生理，"五毒备尝，肢体不全。其最酷者曰琶，每上百骨尽脱，汗下如水，死而复生，如是者二三次，荼酷之下，何狱不成"[4]。

其提人则止凭驾帖，弘治元年（1488）刑部尚书何乔新

① 王世贞：《锦衣志》。

② 傅维鳞：《明书》卷七三。

③ 《明史》卷九五《刑法志》。

④ 《明书》卷七三。

奏："旧制提人，所在官司必验精微批文，与符号相合，然后发遣，近者中外提人，只凭驾帖，既不用符，真伪莫辨，奸人矫命，何以拒之？"当时虽然明令恢复批文提人的制度，可是锦衣旗校却依旧只凭驾帖拘捕。[①]正德初周玺所说："迩者皇亲贵幸有所奏陈，陛下据其一面之词，即行差官赍驾帖拿人于数百里之外，惊骇黎庶之心，甚非新政美事。"[②]便是一个例子。

东厂的体制，在内廷衙门中最为隆重。凡内官奉差关防，唯东厂篆文为"钦差监督东厂官校办事太监关防"[③]。《明史》记：

> 其隶役皆取给于卫，最轻巧儇佶者乃充之。役长曰档头，帽上锐，衣青素裤褶，系小绦，白皮靴，专主伺察。其下番子数人为干事，京师之命诓财挟仇视干事者为窟穴，得一阴事，由之以密白于档头，档头视其事大小先予之金，事曰起数，金曰买起数。既得事，帅番子至所犯家，左右

① 《明史》卷九五《刑法志》。

② 周玺：《垂光集》卷一《论治化疏》。

③ 刘若愚：《酌中志》卷一六。

> 坐曰打桩，番子即突入执讯之无有左证符牒，贿如数径去，少不如意，榜治之名曰乾酢酒，亦曰搬罾儿，痛楚十倍官刑，且授意使牵有力者，有力者予多金即无事，或靳不予，予不足，立闻上，下镇抚司狱，立死矣。

对于行政官吏所在，也到处派人伺察，“每月且厂役数百人掣签庭中，分瞰官府”，有听记坐记之别，“其视中府诸处会审大狱，北镇抚司拷讯重犯者曰听记，他官府及各城门缉访曰坐记”。所得秘密名为打事件，即时由东厂转呈皇帝，甚至深更半夜也可随时呈进，“以故事无大小，天子皆得闻之，家人米盐猥事，宫中或传为笑谑，上下惴惴，无不畏打事件者”[①]。

锦衣卫到底是比不上东厂亲近，报告要用奏疏，东厂则可以直达，以此，厂权就高于卫。

东厂的淫威，试举一例。当天启时，有四个平民半夜里偷偷在密室喝酒谈心。酒酣耳热，有一人大骂魏忠贤，余三人听了不敢出声。骂犹未了，便有番子突入，把四人都捉去，在魏忠贤面前把发话这人剥了皮，余三人赏一点钱放还，这三人吓得魂不附体，差一点变成疯子。

---

① 《明史》卷九五《刑法志》。

锦衣卫狱即世所称诏狱，由北镇抚司耑领。北镇抚司本来是锦衣卫指挥使的属官，品秩极低，成化十四年（1478）增铸北司印信，一切刑狱不必关白本卫，连卫所行下的公事也可直接上请皇帝裁决，卫指挥使不敢干预，因之权势日重。[①]外廷的三法司（刑部，大理寺，都察院）不敢与抗。嘉靖二年（1523），刑科给事中刘济上言："国家置三法司以理刑狱，其后乃有锦衣卫镇抚司专理诏狱，缉访于罗织之门，锻炼于诏狱之手，裁决于内降之旨，而三法司几于虚设矣。"[②]其用刑之惨酷，有非人类所能想象。沈德符记："凡厂卫所廉谋反弑逆及强盗等重辟，始下锦衣之镇抚司拷问，寻常止曰打着问，重者加好生二字，其最重大者则曰好生着实打着问，必用刑一套，凡十八种，无不试之。"[③]用刑一套为全刑，曰械，曰镣，曰棍，曰拶，曰夹棍，五毒备具，呼号声沸然，血肉溃烂，宛转求死不得。[④]诏狱"室卑入地，墙厚数仞，即隔壁嗥呼，悄不闻声，每市一物入内，必经数处验

① 《明史》卷九五《刑法志》。

② 《明世宗实录》。

③ 沈德符：《万历野获编》卷二一。

④ 《明史》卷九五《刑法志》。

查，饮食之属十不能得一，又不得自举火，虽严寒不过啖冷炙披冷衲而已。家人辈不但不得随入，亦不许相面。惟于拷问之期，得于堂下遥相望见”[①]。天启五年（1625）遭党祸被害的顾大章所作《狱中杂记》里说：“予入诏狱百日而奉旨暂发（刑）部者十日，有此十日之生，并前之百日皆生矣。何则，与家人相见，前之遥闻者皆亲证也。”拿诏狱和刑部狱相比，竟有天堂地狱之别。瞿式耜在他的《陈时政急着疏》中也说：“往者魏崔之世，凡属凶网，即烦缇骑，一属缇骑，即下镇抚，魂飞汤火，惨毒难言，苟得一送法司，便不啻天堂之乐矣。”[②]被提者一入抚狱，便无申诉余地，坐受榜掠。魏大中《自记年谱》：

> 十三日入都羁锦衣卫东司房，二十八日许显纯崔应元奉旨严鞫，许既迎二魏（忠贤、广微）意，构汪文言招辞而急毙之以灭口。对簿时遂断断如两造之相质，一楞敲一百，穿梭一夹，敲五十杠子，打四十棍，惨酷备至，而抗辨之语悉闷不得宣。

① 沈德符：《万历野获编》卷二一。

② 瞿式耜《瞿忠宣公集》卷一。

"六君子"被坐的罪名是受熊廷弼的贿赂，有的被刑自忖无生理，不得已承顺，希望能转刑部得生路，不料结果更坏，厂卫勒令追赃，"遂五日一比，惨毒更甚。比时累累跪阶前，诃诟百出，裸体辱之，弛杻则受桚，弛桚则受夹，弛桚与夹开仍戴杻镣以受棍，创痛未复，不再宿复加榜掠。后讯时皆不能跪起荷桎梏，平卧堂下"[①]。终于由狱卒之手秘密处死，死者家人至不知其死法及死期，苇席裹尸出户，虫蛆腐体。六君子是杨涟、左光斗、魏大中、袁化中、周朝瑞、顾大章，都是当时的清流领袖，朝野表率，为魏忠贤所忌，天启五年（1625）相继死于诏狱。

除了在狱中的非刑以外，和厂卫互相表里的一件恶政是廷杖，锦衣卫始自明太祖，东厂为明成祖所创设，廷杖却是抄袭元朝的。

在元朝以前，君臣之间的距离还不十分悬绝，三公坐而论道，和皇帝是师友，宋朝虽然臣僚在殿廷无坐处，却也还礼貌大臣，绝不加以非礼的行为，"士可杀不可辱"这一传统的观念，上下都能体会。蒙古人可不同了，他们根本不了解士的地位，也不能用理论来装饰殿廷的壮严。他们起自马上，生活在马上，政府中的臣僚也就是军队中的将校，一有过错，拉下来

① 《明史纪事本末》卷七一。

打一顿，打完照旧办事，不论是中央官、地方官，在平时，或是在战时，臣僚挨打是家常便饭，甚至中书省的长官，也有在殿廷被杖的记载。明太祖继元而起，虽然一力“复汉官之威仪”，摒弃胡俗胡化，对于杖责大臣这一故事，却习惯地继承下来，著名的例子，被杖死的如亲侄大都督朱文正、工部尚书薛祥、永嘉侯朱亮祖父子，部曹被廷杖的如主事茹太素。从此殿陛行杖，习为祖制。正德十四年（1519）以南巡廷杖舒芬等百四十六人，死者十一人，嘉靖三年（1523）以大礼之争廷杖丰熙等百三十四人，死者十六人。循至方面大臣多毙杖下，幸而不死，犯公过的仍须到官办事，犯私仇者再下诏狱处死。[①]至于前期和后期廷杖之不同，是去衣和不去衣，沈德符说：“成化以前诸臣被杖皆带衣裹毡，不损肤膜，然犹内伤困卧，需数旬而后起，若去衣受笞，则始于逆瑾用事，名贤多死，今遂不改。”[②]廷杖的情形，据艾穆所说，行刑的是锦衣官校，监刑的是司礼监。

司礼大珰数十辈捧驾帖来，首喝曰带犯人来，每一喝

① 《明史》卷九五《刑法志》。

② 沈德符：《万历野获编》卷一八。

> 则千百人一大喊以应，声震甸服，初喝跪下，宣驾帖杖吾二人，着实打八十棍，五棍一换，总之八十棍换十六人。喝着实打，喝打阁上棍，次第凡四十六声，皆大喊应如前首喝时，喝阁上棍者阁棍在股上也。杖毕喝踩下去，校尉四人以布袱曳之而行。[①]

天启时万璟被杖死的情形，樊良材撰《万忠贞公传》说：

> 初璟劾魏珰疏上，珰恚甚，矫旨廷杖一百。褫斥为民。彼一时也，缇骑甫出，群聚蜂拥，绕舍骤禽，饱恣拳棒，摘发捉肘，拖沓摧残，曳至午门，已无完肤。迨行杖时逆珰领小竖数十辈奋袂而前，执金吾（锦衣卫指挥使）止之曰留人受杖，逆珰瞋目监视，倒杖张威，施辣手而甘心焉。杖已，血肉淋漓，奄奄待尽。

廷杖之外，还有立枷，创自刘瑾，锦衣卫常用之：“其重枷头号者至三百斤，为期至二月，已无一全。而最毒者为立枷，不旬日必绝。偶有稍延者，命放低三数寸，则顷刻殒矣。

① 艾穆：《熙亭先生文集》卷四《恩谴记》。

凡枷未满期而死，则守者揞土掩之，俟期满以请，始奏闻领埋，若值炎暑，则所存仅空骸耳，故谈者谓重于大辟云。”[①]

诏狱、廷杖、立枷之下，士大夫不但可杀，而且可辱，君臣间的距离愈来愈远，“天皇圣明，臣罪当诛”，打得快死而犹美名之曰恩谴，曰赐杖，礼貌固然谈不到，连主奴间的恩意也因之而荡然无存了。

三

厂卫之弊，是当时人抗议最集中的一个问题，但是毫无效果，并且愈演愈烈。例如商辂《请革西厂疏》说：

> 近日伺察太繁，法令太急，刑网太密，官校提拿职官，事皆出于风闻，暮夜搜检家财，初不见有驾帖，人心汹汹各怀疑畏，内外文武重臣，托之为股肱心膂者也，亦皆不安于位，有司庶府之官，资之以建立政事者也，举皆不安于职。商贾不安于市，行旅不安于涂，士卒不安于伍，黎民不安于业。[②]

---

① 沈德符：《万历野获编》卷一八。

② 商辂：《商文毅公集》卷一。

在这情形下，任何人都有时时被捕的危险。反之，真是作恶多端的臣奸大憝，只要能得到宫廷的谅解，便可置身法外，《明史·刑法志》说："英宪以后，钦恤之意微，侦伺之风炽，巨恶大憝，案如山积，而旨从中下，纵不之问。或本无死理，而片纸付诏狱，为祸尤烈。"明代二祖设立厂卫之本意，原在侦察不轨，尤其是注意官吏的行动。隆庆中刑科给事中舒化上疏只凭表面事理立论，恰中君主所忌，他说：

> 朝廷设厂卫，所以捕盗防奸细，非以察百官也。驾驭百官乃天子之权，而奏劾诸司责在台谏，朝廷自有公论。今以暗访之权归诸厂卫，万一人非正直，事出冤诬，是非颠倒，殃及善良，陛下何由知之。且朝廷既凭厂卫，厂卫必委之番役，此辈贪残，何所不至！人心忧危，众目睚眦，非盛世所宜有也。①

至于苛扰平民，则更非宫廷所计及，杨涟劾魏忠贤二十四大罪疏中曾特别指出：东厂原以察奸细，备非常，非扰平民也。自忠贤受事，鸡犬不宁，而且直以快恩怨，行倾陷，片

① 孙承泽：《春明梦余录》卷六三。

语违，则驾帖立下，造谋告密，日夜未已。[①]甚至在魏忠贤失败以后，厂卫的权力仍不因之动摇，刘宗周上疏论其侵法司权限，讥为人主私刑，他说：

> 我国家设立三法司以治庶狱，视前代为独详，盖曰刑部所不能决者，都察院得而决之，部院所不能平者，大理寺得而平之，其寓意至深远。开国之初，高皇帝不废重典以惩巨恶，于是有锦衣之狱。至东厂缉事，亦国初定都时偶一行之于大逆大奸，事出一时权宜，后日遂相沿而不复改，得与锦衣卫比周用事，致人主有私刑。自皇上御极以后，此曹犹肆罗织之威，日以风闻事件上尘睿览，辇毂之下，人人重足。

结果是：

> 自厂卫司讥访而告奸之风炽，自诏狱及士绅而堂廉之等夷，自人人救过不给而欺罔之习转盛，自事事仰承独断而谄谀之风日长，自三尺法不伸于司寇而犯者日众。[②]

① 《杨忠烈公文集》卷二。

② 刘宗周：《刘子全书》卷一六《痛陈时艰疏》，卷一七《敬循职掌疏》。

厂卫威权日盛，使厂卫二字成为凶险恐怖的象征，破胆的霹雳，游民奸棍遂假为恐诈之工具，京师外郡并受荼毒，其祸较真厂卫更甚。崇祯四年（1631）给事中许国荣《论厂卫疏》历举例证说：

> 如绸商刘文斗行货到京，奸棍赵瞎子等口称厂卫，捏指漏税，密擒于崇文门东小桥庙门，诈银二千余两。长子县教官推升县令，忽有数棍拥入其寓内，口称厂卫，指为营干得来，诈银五百两。山西解官买办黑铅照数交足，众棍窥有余剩在潞绸铺内，口称厂卫，指克官物，捉拿王铺等四家，各诈银千余两……蓟门孔道，假侦边庭，往来如织……至于散在各衙门者，借口密探，故露踪迹，纪言纪事，笔底可操祸福，书吏畏其播弄风波，不得不醵金阴饵之，遂相沿为例而莫可问。[①]

崇祯十五年（1642）御史杨仁愿疏论假番及东厂之害说：

> 臣待罪南城，所阅词讼多以假番故称冤，夫假称东厂，

① 孙承泽：《春明梦余录》卷六三。

害犹如此，况其真呼？此由积重之势然也。所谓积重之势者，功令比较事件，番役每县价以买事件，受买者至诱人当奸盗而卖之，番役不问其从来，诱者分利去矣，挟忿首告，诬以重法，挟者志无不逞矣。伏愿宽东厂事件而后东厂之比较可缓，东厂之比较缓而番役之买事件与卖事件者俱可息，积重之势庶可稍轻。[①]

抗议者的理由纵然充分到极点，也不能消除统治者孤立自危的心理。《明史》说："然帝（思宗）倚厂卫益甚，至国亡乃已。"

民国二十三年十二月旧稿，
三十三年五月为纪念甲申三
百周年重写于昆明

（原载1934年12月14日《大公报·史地周刊》第十三期，后收入《历史的镜子》《灯下集》）

① 《明史》卷九五《刑法志》。

明代的殉葬制度

明天顺八年（1464）正月英宗大渐，遗诏罢宫妃殉葬[①]，这是明史上一件大事，在此以前，宫妃殉葬是明代的成例。毛奇龄《胜朝彤史拾遗记》说：

> 初太祖……四十六妃陪葬孝陵，其中所殉惟宫人十数人。洪武三十一年七月建文帝以张凤……等十一人由锦衣卫所试百户散骑舍人、带刀舍人进为本所千百户，其官皆世袭，以诸人皆西宫殉葬宫人父兄，世所称朝天女户者也。成祖……十六妃葬长陵，中有殉者。仁宗殉五妃，其余三妃以年终别葬金山。宣宗殉十妃。嗣后皆无殉，自英宗始。惟景泰帝尚以唐妃殉，则天顺元年事在遗诏前。[②]

---

① 《明史》卷一二《英宗后纪》，卷一七六《彭时传》。

② 《明史》卷一一三《郭嫔传》事同稍简。

不但是皇帝，即诸王亦有殉葬例。《明史·周王传》记："有燉正统四年薨，无子。帝（英宗）赐书有爝曰：周王在日，尝奏身后务从俭约，以省民力。妃夫人以下不必从死，年少有父母者遣归。"既而妃鞏氏，夫人施氏、欧氏、陈氏、张氏、韩氏、李氏皆殉死，诏谥妃贞烈，六夫人贞顺。帝王之薨，由群臣议殉葬，一经指定，立即执行，《彤史拾遗记·唐妃传》记："郕王薨，群臣议殉葬及妃，妃无言，遂殉之葬金山。"

殉葬时的情形，《朝鲜李朝世宗实录》有一段记载：

> 六年（永乐二十二年，1424）十月戊午登极，使臣礼部郎中李琦，通政司参议彭璟言，前后选献韩氏等女皆殉大行皇帝。帝崩宫人殉葬者三十余人。当死之日，皆饷之于庭，饷辍俱引升堂，哭声震殿阁。堂上置木小床，使立其上，挂绳围于其上，以头纳其中，遂去其床，皆雉经而死。韩氏临死顾谓金黑曰：娘，吾去！娘，吾去！语未竟，旁有宦者去床，仍与崔氏俱死。诸死者之初升堂也，仁宗亲入辞诀。[①]

韩妃、崔妃俱朝鲜人，金黑为韩妃乳母。

---

① 《朝鲜李朝世宗实录》卷二六。

宫妃殉葬后，除优恤其家人外，例加死者谥号，明《英宗实录》卷三记："宣德十年（1435）三月庚子，赠皇庶母惠妃何氏为贵妃，谥端肃。赵氏为贤妃，谥纯肃。吴氏为惠妃，谥贞顺。焦氏为淑妃，谥庄静。曹氏为敬妃，谥庄顺。徐氏为顺妃，谥贞惠。袁氏为丽妃，谥恭定。诸氏为恭妃，谥贞靖。李氏为充妃，谥恭顺。何氏为成妃，谥肃僖。谥册有曰：兹委身而蹈义，随龙驭而上宾，宜荐徽称，用彰节行。"景泰帝之崩，殉葬宫人除唐妃外，当时并曾提及汪皇后，幸为李贤所救免。《明史·景帝废后汪氏传》："景帝崩，英宗以其后宫唐氏等殉，议及后。李贤曰：妃已幽废，况两女幼，尤可悯。帝乃已。"

从英宗以后，明代帝王不再有殉葬的定例，可是，在另一方面，自任为名教代表的仕宦阶级，却仍拥护节烈，提倡殉夫，死节，举一个例，黄宗羲《南雷文案·唐烈妇曹氏墓志铭》："烈妇曹氏年十九归同邑唐之坦，之坦疾革，谓其夫曰：君死我不独生……除夕得间，取其七尺之余布，自经夫柩之旁，年二十五，许邑侯诣庐祭之，聚观者数千人，莫不为叹息泣下。"

（原载《大公报·史地周刊》第十七期，

1935年1月11日）

晚明仕宦阶级的生活

一

晚明仕宦阶级的生活，除了少数的例外（如刘宗周之清修刻苦，黄道周之笃学正身），可以用“骄奢淫逸”四字尽之。田艺蘅《留青日札》记：“严嵩孙严绍庚、严鹄等尝对人言，一年尽费二万金，尚苦多藏无可用处，于是竟相穷奢极欲。”《明史·严嵩传》记鄢懋卿之豪奢说：“鄢懋卿持严嵩之势，总理两浙两淮长芦河东盐政，其按部尝与妻偕行，制五彩舆，令十二女子舁之。”万历初名相张居正奉旨归葬时：“真定守钱普创为坐舆，前舆后室，旁有两庑，各立一童子供使令，凡用舁夫三十二人，所过牙盘上食味逾百品，犹以为无下箸处。”[①]这种闹阔的风气，愈来愈厉害，直到李自

① 《明史》卷二一三《张居正传》。

成、张献忠等起来，这风气才和它的提倡者同归于尽。

其实，说晚明才有这样的放纵生活，也不尽然，周玺《垂光集·论治化疏》说："中外臣僚士庶之家，靡丽奢华，彼此相尚，而借贷费用，习以为常。居室则一概雕画，首饰则滥用金宝，倡优下贱以绫缎为袴，市井光棍以锦绣缘袜，工匠役之人任意制造，殊不畏惮。虽朝廷禁止之诏屡下，而奢靡僭用之习自如。"[①]周玺是弘正时人（？—1508），可见在16世纪初期的仕宦生活已经到这地步。风俗之侈靡，自上而下，风行草偃，渐渐地浸透了整个社会。堵允锡曾畅论其弊，他说：

> 冠裳之辈，怡堂成习，厝火忘危，膏粱文绣厌于口体，宫室妻妾昏于志虑，一篚之费数金，一日之供中产，声伎优乐，日缘而盛。夫缙绅者士民之表，表之不戒，尤以成风，于是有纨袴子弟，益侈豪华之志以先其父兄，温饱少年亦竞习裘马之容以破其家业，挟弹垆头，吁庐伎室，意气已骄，心神俱溃，贤者丧志，不肖倾家，此士人之蠹也。于是又有游手之辈，习谐媚以蛊良家子弟，市井之徒，咨凶谲以行无赖之事，白日思群，昏夜伏莽，不耕不织，生

① 周玺：《垂光集》卷一。

涯问诸傥来，非士非商，自业寄于亡命，狐面狼心，冶服盗质，此庶人之蠹也。如是而风俗不致颓坏，士民不致饥寒，盗贼不致风起者未之有也。[①]

二

大人先生有了身份有了钱以后，饱食终日，无所用心，自然而然会刻意去谋生活的舒适，于是营居室、乐园亭、侈饮食、备仆从，再进而养优伶、召伎女、事博弈、蓄姬妾，雅致一点的更提倡玩古董、讲版刻、组文会、究音律，这一集团人的兴趣，使文学、美术、工艺、金石学、戏曲、版本学等部门有了飞跃的进展。

八股家幸而碰上了机会，得了科第时第一步是先娶一个姨太太（以今较昔，他们的黄脸婆还有不致被休的运气），王崇简《冬夜笔记》记："明末习尚，士人登第后，多易号娶妾，故京师谚曰：改个号，娶个小。"第二步是广营居室，做大官的邸舍之多，往往骇人听闻，田艺蘅记严嵩籍没时之家产，光是第宅房屋一项，在江西原籍共有六千七百四间，在北京

① 堵允锡：《堵文忠公集·救时十二议疏》。

共一千七百余间。[1]陆炳当事时，营别宅至十余所，庄园遍四方。[2]郑芝龙田园遍闽粤，在唐王偏安一隅的小朝廷下，秉政数月，增置仓庄至五百余所。[3]

士大夫园亭之盛，大概是嘉靖以后的事。陶奭龄说："少时越中绝无园亭，近亦多有。"[4]奭龄是万历时代人，可见在嘉隆前，即素称繁庶的越中，士大夫尚未有经营园亭的风气。园亭的布置，除自己出资建置外，大抵多出于门生故吏的报效。顾公燮《消夏闲记》卷上说："前明缙绅虽素负清名者，其华屋园亭佳城南亩，无不揽名胜，连阡陌。推原其故，皆系门生故吏代为经营，非尽出己资也。"王世贞《游金陵诸园记》记南京名园除王公贵戚所有者外，有王贡士杞园、吴孝廉园、何参知露园、卜太学味斋园、许典客长卿园、李象先茂才园、汤太守熙召园、陆文学园、张保御园等。《娄东园林志》仅太仓一邑有田氏园、安氏园、王锡爵园、杨氏日涉园、吴氏园、季氏园、曹氏杜家桥园、王世贞弇州园、王士骐约园、琅

① 田艺蘅：《留青日札》。

② 《明史》卷三〇七《陆炳传》。

③ 林时对：《荷锸丛谈》卷四。

④ 陶奭龄：《小柴桑喃喃录》下。

玡离赘园、王敬美澹园等数十园。园亭既盛，张南垣至以叠石成名：“三吴大家名园皆出其手，其后东至于越，北至于燕，召之者无虚日。”[1]

对于饮食衣服尤刻意求精，互相侈尚。《小柴桑喃喃录》卷上记：“近来人家酒席，耑事华侈，非数日治具，水陆毕集，不敢轻易速客。汤饵肴菽，源源而来，非惟口不给尝，兼亦目不周视，一筵之费，少亦数金。”平居则“耽耽逐逐，日为口腹谋”。张岱《陶庵梦忆》自述：

> 越中清馋无过余者，喜啖方物。北京则苹婆果、黄巤、马牙松，山东则羊肚菜、秋白梨、文官果、甜子，福建则福橘、福橘饼、牛皮糖、红乳腐，江西则青根、丰城脯，山西则天花菜，苏州则带骨鲍螺、山查丁、山查糕、松子糖、白圆、橄榄脯，嘉兴则马交鱼脯、陶庄黄雀，南京则套樱桃、桃门枣、地栗团、窝笋团、山查糖，杭州则西瓜、鸡豆子、花下藕、韮芽、元笋、塘栖密蜜，肖山则杨梅、蓴菜、鸠鸟、青鲫、方柿，诸暨则香狸、樱桃、虎栗，嵊则蕨粉、细榧、龙游糖，临海则枕头瓜，台州则瓦楞蚶、江瑶柱，浦江

① 黄宗羲：《撰仗集·张南垣传》。

> 则火肉，东阳则南枣，山阴则破塘笋、谢橘、独山菱、河蟹、三江屯蛏、白蛤、江鱼、鲥鱼、里河鰦。远则岁致之，近则月致之，日致之。[①]

衣服则由布袍而为绸绢，由浅色而改淡红。范濂《云间据目钞》记云间风俗，虽然只是指一个地方而言，也足以代表这种由俭朴而趋奢华的时代趋势。他说：

> 布袍乃儒家常服，周年鄙为寒酸，贫者必用绸绢色衣，谓之薄华丽，而恶少且从典肆中觅旧段旧服翻改新起，与豪华公子列坐，亦一奇也。春元必用大红履，儒童年少者必穿浅红道袍，上海生员冬必穿绒道袍，暑必用绉巾绿伞，虽贫如思丹，亦不能免。稍富则绒衣巾，盖益加盛矣。余最贫，尚俭朴，年来亦强服色衣，乃知习俗移人，贤者不免。

明代制定士庶服饰，不许混淆，嘉靖以后，这种规定亦复不能维持，上下群趋时髦，巾履无别。范濂又记："余始为

① 张岱：《陶庵梦忆》卷四《方物》。

诸生时，见朋辈戴桥梁绒线巾，春元戴金线巾，缙绅戴忠靖巾。自后以为烦俗，易高士巾、素方巾，复变为唐巾、晋巾、汉巾、褊巾。丙午（1606）以来皆用不唐不晋之巾，两边玉屏花一双，而年少貌美者加犀玉奇簪贯发。”他又很愤慨地说：“所可恨者，大家奴皆用三镶宦履，与士官漫无分别，而士官亦喜奴辈穿著，此俗之最恶者也。”

三

士大夫居官则狎优纵博，退休则广蓄声伎，宣德间都御史刘观每赴人邀请，辄以妓自随。户部郎中肖翔等不理职务，日惟挟妓酣饮恣乐。[①]明宣宗曾下饬禁止：“宣德四年八月丙申，上谕行在礼部尚书胡濙曰：祖宗时文武官之家不得挟妓饮宴。近闻大小官私家饮酒，辄命妓歌唱，沈酣终日，怠废政事，甚者留宿，败礼坏俗。尔礼部揭榜禁约，再犯者必罪之。”[②]妓女被禁后，一变而为小唱，沈德符说：“京师自宣德顾佐疏后，严禁官妓，缙绅无以为娱，于是小唱盛行，至

① 《明宣宗实录》卷五六。

② 《明宣宗实录》卷五七。

今日几如西晋太康矣。”[①]实际上这项禁令也只及于京师居官者，易代之后，勾栏盛况依然。《冰华梅史》有《燕都妓品序》：“燕赵佳人，颜美如玉，盖自古艳之。矧帝都建鼎，于今为盛，而南人风致，又复袭染熏陶，其色艳宜惊天下无疑。万历丁酉庚子（1597—1600）其妖冶已极。”所定花榜借用科名条例有状元、榜眼、探花之目，称妓则曰老几，茅元仪《暇老斋杂记》卷四：“近来士人称妓每曰老，如老一老二之类。”同时曹大章有《秦淮士女表》，《萍乡花史》有《广陵士女殿最序》。余怀《板桥杂记》记南京教坊之盛：“南曲衣裳妆束，四方取以为式。”崇祯中四方兵起，南京不受丝毫影响，依然征歌召妓：“宗室王孙，翩翩裘马，以及乌衣子弟湖海宾游，靡不挟弹吹箫，经过赵李，每开筵宴，则传呼乐籍，罗绮芬芳，行酒纠觞，留髡送客，酒阑棋罢，堕珥遗簪，真欲界之仙都，升平之乐国也！”[②]

私家则多蓄声伎，穷极奢侈，万历时理学名臣张元忭后人的家伎在当时最负盛名，《陶庵梦忆》卷四《张氏声伎》条记：“我家声伎，前世无之。自大父于万历年间与范长

① 沈德符：《万历野获编》卷二四。

② 余怀：《板桥杂记》。

白、邹愚公、黄贞父、包涵所诸先生讲究此道，遂破天荒为之。有可餐班，次则武陵班……再次则梯仙班……再次则吴郡班……再次则苏小小班……再次则平子茂苑班……主人解事日精一日，而傒僮伎艺则愈出愈奇。”阮大铖是当时最负盛名的戏曲作家，他的家伎的表演最为张宗子所称道。同书卷八记：“阮元海家优讲关目，讲情理，讲筋节，与他班孟浪不同。然其所打院本又皆主人自制，笔笔勾勒，苦心尽出，与他班卤莽者又不同，故所搬演本本出色，脚脚出色，出出出色，句句出色，字字出色。”士大夫不但蓄优自娱，谱制剧曲，并能自己度曲，压倒伶工。沈德符记：“近年士大夫享太平之乐，以其聪明寄之剩技。吴中缙绅留意音律，如太仓张工部新、吴江沈吏部璟、无锡吴进士澄时俱工度曲，每广座命伎，即老优名倡俱皇遽失措，真不减江东公瑾。”[①]风气所趋，使梨园大盛，所演若红梅、桃花、玉簪、绿袍等记不啻百种：“括其大意，则皆一女游园，一生窥见而悦之，遂约为夫妇。其后及第而归，即成好合。皆徒撰诡名，毫无古事可考，且意俱相同，毫无足喜。”乡村每演剧以祷神：“谓不以戏为祷，则居民难免疾病，商贾必

① 沈德符：《万历野获编》卷二四。

值风涛。”[①]豪家则延致名优，陈懋仁《泉南杂志》：“优伶媚趣者不吝高价，豪奢家攘而有之，婵鬓传粉，日以为常。”使一向被贱视的伶工，一旦气焰千丈。徐树丕《识小录》记吴中在崇祯十四年（1641）奇荒后的情形：“辛巳奇荒之后……优人鲜衣美食，横行里中。人家做戏一台，一本费至十余金，而诸优犹悵悵嫌少，甚至有乘马者，乘舆者，在戏房索人参汤者，种种恶状。然必有乡绅主之，人家惴惴奉之，得一日无事便为厚矣。”优人服节有至千金以上者。[②]男优之外，又有女戏，“十余年来苏城女戏盛行，必有乡绅主之。盖以倡兼优而缙绅为之主”[③]，亦有缙绅自教家姬演戏者，张岱记朱云崃女戏，“西施歌舞，对舞者五人，长袖缓带，绕身若环，曾挠摩地，扶旋猗那，弱如秋乐；女官内侍，执扇葆璇，盖金莲宝炬、纨扇、宫灯二十余人，光焰荧煌，锦绣粉叠，见者错愕”[④]。刘晖吉女戏则以布景著：“刘晖吉奇情幻想，欲补从来梨园之缺陷；如唐

① 汤来贺：《梨园说》。

② 黄宗羲：《南雷集子·刘子行状》。

③ 徐树丕：《识小录》卷二。

④ 张岱：《陶庵梦忆》卷二。

明皇游月宫，叶法善作，场上一时黑魆地暗，手起剑落，霹雳一声，黑幔忽收，露出一月，其圆如规，四下以羊角染五色云气，中坐常仪，桂树吴刚，白兔捣药。轻纱缦之内，燃赛月明数株，光焰青黎，色如初曙，撒布成梁，遂蹑月窟，境界神奇，忘其为戏也。”①

四

士大夫的另一种娱乐是赌博。顾炎武《日知录》记：“万历之末太平无事，士大夫无所用心，间有相从赌博者。至天启中始行马吊之戏，而今之朝士若江南山东几于无人不为此。有如韦昭论所云穷日尽明，继以脂烛，人事旷而不修，宾旅阙而不接。”甚至有“进士有以不工赌博为耻”的情形。吴伟业又记当时有叶子戏：“万历末年，民间好叶子戏，图赵宋时山东群盗姓名于牌而斗之，至崇祯时大盛。有曰闯，有曰献，有曰大顺，初不知所自起，后皆验。”②缙绅士大夫以纵博为风流，《列朝诗集小传》记：“福清何士壁跅弛放迹，使酒纵

---

① 张岱：《陶庵梦忆》卷五。

② 吴伟业：《绥寇纪略》卷一二。

博。”“皇甫冲博综群籍，通挟凡击毬音乐博奕之戏，吴中轻侠少年咸推服之。”“万历间韩上挂为诗多倚待急就，方与人纵谈大噱，呼号饮博，探题立就，斐然可观。”此风渐及民间，结果是如沈德符所说：“今天下赌博盛行，其始失货财，甚则鬻田宅，又甚则为穿窬，浸成大伙劫贼，盖因本朝法轻，愚民易犯。”[①]

自命清雅一点的则专务搜古董，巧取豪夺：“嘉靖末年，海内宴安，士大夫富厚者以治园亭、教歌舞之际，间及古玩。如吴中吴文恪之孙、溧阳史尚宝之子，皆世藏珍秘，不假外索。延陵则稽太史（应科），云间则朱太史（大韶），吾郡项太学、锡山安太学、华户部辈不吝重资收购，名播江南。南都则姚太史（汝循）、胡太史（汝嘉）亦称好事。若辇下则此风稍逊，惟分宜严相国父子、朱成公兄弟并以将相当途，富贵盈溢，旁及雅道，于是严以势劫，朱以货贿，所蓄几及天府……张江陵当国亦有此嗜……董其昌最后起，名亦最重，人以法眼归之。”[②]年轻气盛、少肯读书的则组织文社，自相标榜，以为名高。《消夏闲记》下：“文社始于天启甲子张天如等

---

① 沈德符：《万历野获编·补遗》卷三。

② 沈德符：《万历野获编》卷二六。

之应社……推大讫于四海。于是有广应社，复社，云间有几社，浙江有闻社，江北有南社，江西有则社，又有历亭席社，昆阳云簪社，而吴门别有羽朋社，武林有读书社，山左有大社，佥会于吴，统于复社。”以讥弹骂詈为事，黄宗羲讥为学骂，他说：“昔之学者学道者也，今之学者学骂者也。矜气节者则骂为标榜，志经世者则骂为功利，读书作文者则骂为玩物丧志，留心政事者则骂为俗吏，接庸僧数辈则骂考亭为不足学矣，读艾千子定待之尾，则骂象山阳明为禅学矣。濂溪之主静则盘桓于腔子中者也，洛下之持敬则曰是有方所之学也。逊志骂其学误主，东林骂其党亡国，相讼不决，以后息者为胜。”[①]老成人物则伪标讲学，内行不修。艾南英《天佣子集》曾提及江右士夫情形：“敝乡理学之盛，无过吉安，嘉隆以前，大概质行质言，以身践之。近岁自爱者多而亦不无仰愧前哲者。田土之讼，子女之争，告讦把持之风日有见闻，不肖视其人皆正襟危坐以持论相高者也。”[②]

仕宦阶级有特殊地位，也自有他们的特殊风气。《小柴桑喃喃录》卷下说：“士大夫膏肓之病，只是一俗，世有稍自脱

① 黄宗羲：《南雷文案》卷一七。

② 艾南英：《天佣子集》卷六《复陈怡云公祖书》。

者即共命为迂为疏为腐，于是一入仕途，则相师相仿，以求入乎俗而后已。如相率而饮狂泉，亦可悲矣。”在这情形的社会，谢肇淛说得最妙：“燕云只有四种人多，奄竖多于缙绅，妇女多于男子，倡伎多于良家，乞丐多于商贾。”[①]

1934年1月22日

（原载《大公报·史地周刊》第三十一期，

1935年4月19日）

① 谢肇淛：《五杂俎》卷三。

晚明“流寇”之社会背景

一

明末流寇的兴起，是一个社会组织崩溃时必有的现象，如瓜熟蒂落一般，即使李自成、张献忠这一群农民领袖不出来，由那贵族、太监、官吏和绅士所组成的压迫阶级，也是要被它脚底下踏着的阶级所打倒的，这阶级的对立，在当时已经有人看出。崇祯十七年（1644）正月兵科都给事中曾应遴奏道：“臣闻有国家者不患寡而患不均，不患贫而患不安。今天下不安甚矣，察其故原于不均耳。何以言之？今之绅富，率皆衣租食税，安坐而吸百姓之髓，平日操奇赢以役愚民而独拥其利，有事欲其与绅富出气力，同休戚，得乎？故富者极其富而每至于剥民，贫者极其贫而甚至于不能聊生，以相极之数，成相恶之刑，不均之甚也。”[①]富者愈富，贫者愈贫，仕绅阶级利用他们所有的富力，和因此而得到的政治势力，加速把农民剥削和压迫，农民穷极无路，除自杀外只能起来反抗，用暴力来推翻这一集团的吸血精，以争得生存的权利。

流寇的发动和实力的扩展，自然是当时的统治者所最痛心疾首的。他们有的是过分充足的财富，舒服、纵逸、淫荡、美满的生活，他们要维持现状，要照旧加重剥削来增加他们生活上更自由的需要，然而现在眼见要被打倒，被屠杀了，他们不能不联合起来，为了他们这一阶级的安全。同时，为着个人利害的冲突，这一集团的中坚分子彼此间还是充满了忌妒、猜疑……钩心斗角地互相计算。

在反面，农民是欢迎流寇的，因为是同样在饥饿中挣扎性命的人。他们自动做内应，请流寇进来，河曲之破，连攻城的照例手续都用不着。据《绥寇纪略》卷一记：“辛未（1631）二月，上召辅臣九卿科道及各省盐司于文华殿。上问山西按察使杜乔林曰：河曲之城，何以贼到辄破？乔林曰：贼未尝攻，有饥民为内应，故失守。”和统治者的御用军队的骚扰程度相

① 《崇祯长编》卷二。

较，农民宁愿用牛酒来欢迎流寇："樊人苦左兵淫掠，杀槁桔燔烧之，良玉怒，夺巨商峨艑重装待发，身率诸军营于高阜。汉东之人，牛酒迎贼。"①

官兵不敢和流寇接触，却会杀手无寸铁的老百姓报功，到这田地，连剩下的一些过于老实的老百姓也不得不加入反抗者的集团了。据《烈皇小识》卷四："将无纪律，兵无行伍，淫污杀劫，惨不可言，尾贼而往，莫敢奋臂，所报之级，半是良民，民间遂有贼兵如梳，官兵如栉之谣，民安得不为盗！盗安得不日繁！"

举一个具体的例子，《平寇志》卷二记兵科给事中常自裕奏："皇上赫然振怒，调兵七万，实不满五万，分之各处，未足遏贼。凤阳焚劫四日而马扩至，归德围解三日而邓玘来，颍亳安庐之贼返旆而北，尤世威等信尚杳然。至贺人龙等到处淫掠，所谓贼梳而军栉也。"

在到处残破、遍地糜烂的景况下，统治者为了军费的需要，仍然盲目地加重农民的负担，左捐右输，迫得百姓不能不投到对面去。《平寇志》卷八说："崇祯十七年二月甲戌，贼遣伪官于山东河南州县。先遣牌至，士民苦征输之急，痛恨旧

---

① 吴伟业：《绥寇纪略》卷九。

官，借势逐之。执香迎导，远近若狂。”也有不愿和统治者合作，消极地不肯抵抗“流寇”的。“宣府陷，巡抚朱之冯悬赏守城，无一应者。三命之，咸叩头曰：愿中丞听军民纳款。之冯独行巡城见大炮，曰：汝曹试发之，杀贼千百人，贼虽齑粉我，无恨矣。众又不应。之冯自起燃火，兵民竞挽其手。之冯叹曰：人心离叛，一至于此。”在一些地方，百姓一听见流寇是不杀人、免徭赋的，高兴得满城轰动，结彩焚香去欢迎流寇进来。[①]

在军事地带的人民尚受盘剥，比较安静的区域更不用说了。崇祯十四年（1641），吴中大旱瘟疫，反加重赋，据《启祯记闻录》二，“是岁田禾，夏苦亢旱，少不插莳，即莳亦皆后时，至秋间复为蝗虫所食。有幸免蝗祸者，又因秋杪旱寒，遂多秕死。大约所收不及十之三四。岁凶异常，抚按交章上请，不惟不蒙宽恤，征赋反有加焉。糙粮每亩二斗五升有零，折银每亩一钱七分有零。又急如星火，勒限残岁完粮，连差督饷科臣至吴中者两三员，赐剑专敕行事，人皆惶骇不安，大户役重粮多，中人支吾不给，贫民困馁死亡，井里萧条，乡城同象，非复向时全盛矣”。

① 《明史》卷二六三《朱之冯传》。

苏州如此，他处可知。政府不因灾荒蠲免，地主亦复不能例外。同书又记常熟民变事：“崇祯十一年（1638）八月，抚臣屡疏以旱蝗上闻，而得谕旨征粮，反有加焉。至收租之际，乡民结党混赖，田主稍加呵斥，每至起衅生乱，田主有乡居者，征租于佃户，各佃聚众焚其居，抢掠其资。”

二

流寇的组成分子是“一乱民，一驿卒，一饥黎，一难氓”[①]，这是崇祯七年（1634）三月己丑南京右都御史唐世济疏中所说的。以陕西发难地而论，则“延绥以北为逃兵，为边盗，延绥以南为土寇，为饥民”[②]。边盗土寇可以归入乱民一类，加上逃兵，约略地可分五类。

关于乱民之起，《明史·杨鹤传》说：“关中频岁祲，有司不恤下，白水王二者，鸠众，墨其面，闯入澄城，杀知县张耀采，由是府谷王嘉胤汉南王大梁、阶州周大旺群贼蜂起，三边饥军应之，流氛之始也。”则亦是因饥举事。

① 彭孙贻：《平寇志》卷一。

② 吴伟业：《绥寇纪略》卷一。

关于驿卒的加入，《明史·流寇传》说：“以给事中刘懋议裁驿站，山陕游民仰驿糈者无所得食，俱从贼，贼转盛。”

《绥寇纪略》卷一引御史姜思睿疏也说：“各递贫民千百为群，依辇舆以续命者，饥饿待死，散为盗。”据《明史·五行志三》记：

> 崇祯元年夏旱，畿辅赤地千里。陕西饥，延巩民相聚为盗。二年，山西、陕西饥。五年，淮扬诸府饥，流殍载道。六年，陕西、山西大饥，淮扬洊饥。七年，京师饥，太原大饥，人相食。九年，南阳大饥，有母烹其女者，江西亦饥。十年，浙江大饥，父子兄弟夫妻相食。十二年，两畿、山东、山西、陕西、江西饥，河南大饥，人相食。十三年，北畿、山东、河南、陕西、山西、浙江、三吴皆饥，自淮而北至畿南，树皮食尽，发瘗胔以食。十四年，南畿饥，山东洊饥，德州斗米千钱，父子相食，行人断绝，大盗滋矣。

在十四年中，灾荒迭起，河北更是厉害，内中山西、陕西、河南被灾情形最严重，次数也最多，由此可以知道流寇发难于秦晋，和流寇以秦晋人为中心的原因。

关于逃兵之加入，《明史·李自成传》记：“京师戒严，山西巡抚耿如杞勤王兵哗而西，延绥总兵吴自勉、甘肃巡抚梅之焕勤王兵亦溃与群盗合。”

在这样情形之下，当时的统治者仍是蒙蒙昧昧，不但不想法补救，反而以为是“疥癣之疾”不足致虑。地方官也未尝不知道叛乱之起是由于饥荒，而不但不加抚恤，反而很轻松地说：“此饥氓，徐自定耳。”他们对于低低在下的民众，本来不屑置意，只要民众能忍辱负重地像羔羊一般供他们宰杀剥削，他们便可以高枕而卧了。他们想不到饥民的集合暴动，最初固然是毫无政治企图，只求免于饿死；但等到一有了势力以后，他们也会恍然于敌人之无能，会来夺取政权，打倒旧日曾鱼肉他们的阶级的。

三

在叛乱起后，统治者的措施是一面愚蠢地冀图用武力削平，一面加重搜括来应付非常的军费，在叛乱发生前农民被强迫加负的有嘉靖三十年（1551）的“加派”一百二十万，三十七年的“提编”四十万，万历四十六年（1618）的“辽饷”三百万，前后迭增到五百二十万，在叛乱起后，崇祯三年（1630）又增一百六十五万，八年增“助饷”，十一年行“均输”及“加征”，十三年加“练饷”。统计在万历末年合九边饷止二百八十万，到崇祯时加派“辽饷”到九百万，“剿饷”到三百三十万，“练饷”七百三十万。[①]这些都是农民的血汗，有政治势力的地主绅士商人是不用负担的。

就陕西一地而论，民众的新加负担有“新饱”，有“均输”，有“间架”，其他琐细的勒索更无从数起。[②]关于民间的苦痛，崇祯六年（1633）正月御史祁彪佳疏陈十四项：曰里甲，曰虚粮，曰行户，曰搜赃，曰钦提，曰隔提，曰讦讼，曰寓访，曰私税，曰私铸，曰解运，曰马户，曰盐丁，曰难民。[③]其最为农民所苦者是虚粮，据说当时纳税的则例“小民多未见闻，第据县符，便为实数。遂致贫户反溢数倍，豪家坐享余租，此飞洒之弊也。近来苦盗苦荒，迁徙载道，丁粮缺征，里甲代偿，富户化而为贫，土著化而为客，此逃亡之弊也。又有户产尽废，户粮犹存，买产之家，视若隔体，代纳之户，惨于剥肤，此赔垫之弊也”。为工人所苦者是行户：“一小民以刀锥博什一，为八口计也。有司佥为铺行，上自印官，

① 《明史》卷七八《食货志二》。

② 《明史》卷三〇九《李自成传》。

③ 《明史》卷二七五《祁彪佳传》。

下及佐贰，硃票一纸，百物咸输，累月经年，十不偿一。又有供应上司，名曰借办，每物有行，每行有簿。”为小商人所苦者是私税：“大江以北，凡贸易之家，官为给帖，下至鸡豚，无得免者，至隘口渡头，有少年无赖借牙用为名，横加剥夺，蝇头未获，虎吻旋吞。”为一般百姓所苦者是私铸：“私铸之为钱法害，固也。而南中为甚，每钱止重七分，每百不盈三寸。更有私铸奸人控官请禁，小民畏罪，去之惟恐不速，此辈一铸一卖，一禁一收，利五六倍，而小民何以堪哉！”①

不但农民的负担增加，他们积欠官府的陈年烂账也不曾被放松，崇祯八年（1635）二月侍读倪元璐上疏说：“今民最苦无若催科。未敢冀停加派，惟请自崇祯七年以前，一应逋负，悉可改从折色，此二者于下诚益，于上无损，民之脱此，犹汤火也。至发弊而追数十年之事，纠章一上，蔓延十休，扳贻而旁及数千里之人，部文一下，冤号四彻，谁以民间此苦告之陛下者。及今不图，日蔓一日，必至无地非兵，无民非贼，刀剑多于牛犊，阡陌决为战场，陛下亦安得执空版而问诸兵燹之区哉！”②

---

① 《祁忠惠公遗集》卷一《陈民间十四大苦疏》。

② 彭孙贻：《平寇志》卷二。

四

使人民愁苦的，除了捐税之项目和数量的增加以外，还有皇帝私人的聚敛。万历以下诸帝把家族的财富看得比国家的富强更重要，努力积聚，为纵情享乐计。但是国家的财政有定额的支配，皇帝只能夺取一部分过来，为着内库的充积计不能不另外想法去收敛财货，除了可以公开的进奉献纳及临时的征发如大工大婚的费用外，皇帝也收受贿赂、捐款，更不时地想法加罪臣下，目的是为籍没他们的财产，例如万历初年张居正、冯保的得罪，张鲸的因献财免罪，天启时代的追赃。

皇帝聚敛财货的爪牙是太监，太监代表着皇帝出来剥削民众和官吏，在刘瑾用事的时候，“凡入觐出使官皆有厚献”，有许多官吏因为不能照规定的数额进贿，甚至自杀。[①] 魏忠贤用事的时候，朝中有五虎五彪十狗四十孙儿之目。[②] 自万历二十四年（1596）以后，到处派税使矿监，“大珰大监，纵横驿骚，吸髓饮血，以供进奉。大率入公帑者不及什

① 《明史》卷三〇四《刘瑾传》。

② 《明史》卷三〇五《魏忠贤传》。

一而天下萧然，生灵涂炭矣”。这一些皇帝代表的作恶情形，如《明史·陈增梁永传》所记：“大作奸弊，称奉密旨搜金宝。募人告密，诬大商巨室藏违禁物，所破产什倾家。杀人莫敢问。”陈奉在荆州，恣行威虐，每托巡历，鞭笞官吏，剽劫行旅。其党至入民家，奸淫妇女，或掠入税监署中。马堂在临清，诸亡命从者数百人，白昼手银铛夺人产，抗者辄以违禁罪之，中人之家，破者大半。梁永在陕西尽发历代陵寝，搜摸金玉，旁行劫掠，所至邑令皆逃。税额外增耗数倍。二十年中所遣内官到处苛削百姓，引起民变，毒遍天下。这种情形，皇帝不是不知道，但是故意放纵，来收受他的代表所剥削的十分之一的残沥。《明史》说：“神宗宠爱诸税监，自大学士赵志皋、沈一贯而下，廷臣谏者不下百余疏，悉寝不报，而诸税监有所纠劾，朝上夕下，辄加重谴，以故诸税监益骄。”

五

皇帝太监之下，便是皇族、官吏和绅士。明代是以八股文取士的，人们只要认得字，会凑上几段滥调，便很容易从平民而跃登特殊阶级，加入仕绅的集团，文理不通的只要花一点钱捐一个监生，也可仗着这头衔，不受普通人所受的约束，翻转头来去剥削他从前所隶属的阶级。他们不但没有普通农民所被派定的负担，并且可以利用他们的地位做种种违法的事，小自耕农受不了赋税的征索，除了逃亡以外便只能投靠在仕绅阶级的门下做佃户，借他们做护符来避免赋役。往往一个穷无立锥的八股作家，一旦得了科名，便立地变成田主，农民除了中央政府、地方官吏的两重负担外，还须做豪绅的俎上鱼肉。这般科举中人一做了官，气焰更是厉害，连国法也范围不住他们。《明史·杨士奇传》："士奇子稷居乡，尝横暴杀人，言官交劾，朝廷不加法，以其章示士奇。又有人发稷横虐数十事，乃下之理。"《明史·梁储传》："储子次摅为锦衣百户，居家与富民杨端争民田，端杀田主，次摅遂灭端家二百余人。武宗以储故，仅发边卫立功。"宰相的儿子杀人纵虐，都非政府所能干涉。杨端用大地主的地位杀小田主，梁次摅以大绅士的地位杀两百多人，大不了的罪名也只是充军。《明史·姬文允传》："白莲贼徐鸿儒薄滕县，民什九从乱。知县姬文允徒步叫号，驱吏卒登陴不满三百，望贼辄走，存者才数十。问何故从贼？曰：祸由董二。董二者故延绥巡抚董国光子也，居乡贪暴，民不聊生。"王应熊做了宰相，其弟王应熙在乡作恶的罪状至四百八十余条，赃银一百七十余万。[①]温体仁、唐世济的族人甚至做盗，为盗奥主。[②]土豪汤一泰倚从子汤宾尹之势，至强夺已字之女，逼之至死。[③]戴澳做顺天府丞，其家便怙势不肯输赋。[④]茅坤的家人也倚仗主势横行乡里。[⑤]陈于泰、陈于鼎兄弟的在乡作恶，致引起民变。[⑥]勋贵戚臣甚至唯意所欲，强夺民田，弘治间外戚王源令其家奴别立四至，占夺民产至二千二百余顷。[⑦]嘉靖中泰和伯陈万言奏乞庄田，帝以八百顷给之，巡抚刘麟、御史任洛复言不宜夺民地，勿听。[⑧]武定侯郭玹夺河间民田庐，又夺天津屯田千亩。[⑨]潞简王庄田多至四万顷。[⑩]

---

① 《明史》卷二五三《王应熊传》。

② 《明史》卷二五七《冯元飚传》。

③ 《明史》卷三〇三《徐贞女传》。

④ 《明史》卷二七八《詹兆恒传》。

⑤ 《明史》卷二八七《茅坤传》。

⑥ 《明史》卷二四五《蒋英传》。

⑦ 《明史》卷三〇〇《王镇传》。

⑧ 《明史》卷三〇〇《陈万言传》。

⑨ 《明史》卷一三〇《郭英传》。

⑩ 《明史》卷一二〇《潞简王翊镠传》。

六

从另一方面看来，明代官俸之薄，是历史上所仅见的，据《明史·李贤传》记，当时指挥使月俸三十五石者，实支仅一石。当时米一石折钞十贯，钞一贯仅值钱二三文，由此知指挥使一月所得不过二三十文。推而上之，正一品月俸八十七石，折钱也不过七八十文。正七品七石，每月俸饷更仅可怜到只有二三文钱了。其后又定官俸折银例，虽然稍为好一点，可是专靠俸饷，也非饿死不可。况且上司要贿赂，皇帝要进献，太监大臣要进献，家庭要生活，层层逼迫，除了剥削民众以外更没有什么办法。要做好官，便非像潘蕃那样，做了若干年的方面大臣，罢官后连住宅也盖不起，寄住人家终老。海瑞扬历内外，死后全家产只有一两银子，连买棺木也不够。这些自然是可忽略的例外，大多数官吏很容易寻出生财的大道。

贪赃不用说了，许多官吏，或他们的戚党宗族同时也是操奇计赢的大商人。他们可以不顾国禁，到海外去贸易番货，他们可以偷关漏税，经商内地，他们可以得到种种方便，去打倒或吞并其他无背景无势力的小商家。他们独占了当时最大的企业盐和茶业。他们有的广置店房，例如郭勋在京师的店舍多至千余区。[1]他们也放高利贷，例如会昌伯孙忠的家人贷钱给滨州的人民“规利数倍”，有司为之兴狱索偿。[2]他们在自己的势力范围内可以科私税。[3]他们为着自己的经济利益可以左右政局。《明史·朱纨传》：“初明祖定制，片板不许入海。承平久，奸民阑出入勾倭人及佛郎机、葡萄牙诸国入互市。闽人李光头、歙人许栋踞宁波之双屿为之主，司其质契，势家护持之。”由海外贸易而引起倭寇的侵掠。朱纨巡海道，下令禁止出海，福建人一旦失了衣食的贸源，仕绅阶级失去不费力而得的重利，联合起来排斥朱纨，福建人做京官的从中主持，结果是朱纨被劾，落职自杀，倭寇的毒焰自此遂一发不可收拾。启祯间郑芝龙以海盗受招抚为朝廷官吏，独占海外贸易，海舶不得郑氏令旗不能往来，每一舶例入三千金，岁入千万计。[4]

七

贵族、太监、官吏和绅士所构成的上层阶级一方面自相剥

---

① 《明史》卷一三〇《郭英传》。

② 《明史》卷三〇〇《孙忠传》。

③ 《明史》卷三〇〇《张峦传》。

④ 涂氏：《南明野史》卷中。

削，一方面又联合地方种种方式去剥削农民。在上的在穷奢极欲，夜以继日；皇帝大臣们在讲长生，求“秘法”，肆昏淫，兴土木。绅士、豪商和其他有闲分子更承风导流。妓女、优伶、小唱、赌博、酗酒，成为日常生活的要素。昆曲和小品文发达正是这时代性的表现，假如一部文学作品是可以做一个时代的象征的话，无疑《金瓶梅》是象征这一时代的。另一方面，农民却在饥饿线下挣扎着，被力役、赋税、苛捐、盗匪、灾荒、官吏、乡绅逼迫着；他们忍耐了几辈子，受苦了几十年，终于等到了大时代的来临，火山口的爆发，从火光血海中，才仿佛看见自己的出路！他们丧失了，或被天灾所迫而舍去了耕地，便成为流浪的难民，他们即使能找到别的工作，也仍不免于冻饿。据《徐氏庖言》卷一：“都下贫民佣一日得钱二十四五文，仅足给食。三冬之月，衣不蔽体。”他们有生存的权利，有要求吃饱的权利。我们试一考查当时的米价：

天启四年（1624）苏州米一石一两二钱（《启祯记闻录》卷一）。

崇祯二年（1629）苏州粮一石折银一两有余（《启祯记闻录》卷一）。

四年（1631）延绥斗米四钱（《明史·李继贞传》）。

十年（1637）苏州冬粟每石一两二钱，白粟一两一钱（《启祯记闻录》卷二）。

十三年（1640）山东米石二十两，河南米石百五十两（《明史·左懋第传》）。苏松米每石一两六钱，秋杪糙米至每石二两（《启祯记闻录》卷二）。

十四年（1641）山东临清米石二十四两（《明史·左懋第传》）。苏州白米每石三两零（《启祯记闻录》卷二）。

十五年（1642）苏州米每升至九十文有零（《启祯记闻录》卷二）。

这虽是一个简略不完的统计，并且只是几个地方在荒歉时的情形，不过也可由此窥见当时农民苦痛情形的一斑，由此以例全国，大概是不会相距过远的。

在这种情形下的农民，陡然遇见了得救的机会，即使不很可靠的机会，也会毫不迟疑地抓住，牺牲一切，先去装饱肚皮和打倒过去曾压迫过他们的敌人。这机会便是腐溃了几十年的社会经济所产生的“流寇”暴动。

八

统治者剥削的结果是使占全人口极大多数的生产者——无

告的农民陷于饥饿线下，在另一方面，流寇的口号却是“吃他娘，着他娘，吃着不尽有闯王，不当差，不纳粮。”[1]以除力役、废赋税、保障生活为号召，以所掠散饥民，百姓称这军队为李公子仁义兵。破洛阳时散福邸中库金及富人赀给百姓[2]，又下令保护田禾，马腾入田苗者斩之。对于一般地方官吏和绅富阶级，却毫不矜悯地加以残杀。《平寇志》卷六：“城陷若获富室仕宦，则献之巨帅，索其积而杀之。”唯一例外是有德于民的退休官吏。《明史·王征俊传》：“崇祯十七年二月，贼陷阳城，被执不屈，系之狱。士民争颂其德，贼乃释之。”《明史·忠义传》所记无数的乡官和八股家的死难殉节，被史家文饰为忠义报国的，其实不过是自己知道作恶过多，反正活不了，不如先自杀，或作困兽之斗，企图落一个好名声而已。

流寇的初起，是各地陆续发动的，人自为战，目的只在不被饥饿所困死。后来势力渐大，始有意识作打倒统治者的企图。最后到了李自成在1643年渡汉江陷荆襄后，始恍然于统治者之庸劣无能，可取而代之。从此后便攻城守地，分置官守，

① 彭孙贻：《平寇志》卷八。

② 吴伟业：《绥寇纪略》卷九。

作夺取政权的步骤。[1]果然不到两年，北京政府即被推翻，长江以北大部被统治在新政权之下，这是在流寇初起事时所意料不及的。其实与其说这是流寇的功绩，还不如说是这古老的社会，经济制度的自然崩溃为比较妥当。戴笠作《流寇长篇序》，就统治阶级的不合作这一点来说明流寇之成功，他说："国之致亡，祖功宗德，天时人事均有之，非尽流寇之罪，贼虽凶狡绝人，亦借成就者之力也。主上则好察而不明，好佞而恶直，好小人而疑君子，好速效而无远计，好自大而耻下人，好自用而不能用人。廷臣则善私而不善公，善结党而不善自立，善逢迎而不善执守，善蒙蔽而不善任事，善守资格而不善求才能，善因循而不善改辙，善大言虚气而不善小心实事。百年以来，习为固然。有忧念国事者则共诧之如怪物。武臣非无能兵者，而必压以庸劣文臣，间有不庸劣者而又信任不深，兵食不足，畏人以偏见邪说持其后，无敢展布。至于阉侍之情况，古今同然，不必言也。煤山之祸，众力所共，闯贼独受其名耳。"以明统治权之顷覆为众力所共。文震孟于崇祯八年（1635）上疏论致乱之源说："堂陛之地，欺猜愈深，朝野之间，刻削日甚，缙绅蹙靡骋之怀，士民嗟束

① 吴伟业：《绥寇纪略》卷九；彭孙贻：《平寇志》卷六。

湿之困，商旅咨叹，百工失业，本犹全盛之海宇，忽见无聊之景色，此又致乱之源也。”这是说统治者的内部崩溃。“边事既坏，修举无谋，兵不精而自增，饷随兵而日益，饷益则赋重，赋重则刑繁，复乘之以天灾，加之以饥馑，而守牧惕功令之严，畏参罚之峻，不得不举鸠形鹄面、无食无衣之赤子而笞之禁之……下民无知，直谓有司仇我虐我，今而后得反之也。”[①]这是说统治者的驱民死地，自掘坟墓。李自成檄数统治者的罪状说：“明朝昏主不仁，宠宦官，重科第，贪税敛，重刑罚，不能救民水火，日罄师旅，掳掠民财，奸人妻女，吸髓剥肤。”[②]前部的四项罪状都是古已有之，是这古老社会的病态，不是崇祯及其廷臣所能负责的。在檄文中他特别提出他是代表农民利益，他本人是出于农民阶级的，他说：“本营十世务农良善，急兴仁义之师，拯民涂炭，士民勿得惊惶，各安生理。各营有擅杀良民者全队皆斩。”[③]标着显明的农民革命的旗帜向旧统治致死命的攻击，对方则犹茫然于目前的危机，对内则互相猜嫌排斥，表现充分的不合作精神，对民则加力压

① 文秉：《烈皇小识》卷四。

② 彭孙贻：《平寇志》卷六。

③ 彭孙贻：《平寇志》卷六。

榨，驱其反抗，两方的情势达于尖锐化，以一小数的溃腐的统治集团来抵抗全体农民的袭击，自然一触即摧，明室的统治权于此告了终结，同时拥护这统治权的仕绅阶级的寿命也从此中断。假如没有建州部族的乘机窜入，也许这反对宦官、科举制度，诛锄绅富的新统治者会给未来的历史以新的意义和设施，然而他们终于被一更新兴的部族所粉碎，昙花一现的新统治权也跟着被消灭，给铲除未尽的八股家、地主、商人们的旧集团以更苏的机会，虽然这一旧灵魂已不复能恢复过去所有的势位，然而他们会从文字的记载来诋毁他们的已失败的故人，从此片面的历史遂决定了所谓“流寇”事件的反面意义。在文字上所见的流寇只是一些极凶极恶、杀人、放火、屠城等等惨酷残忍的记载。

最后，我们再引两条可信的记载，说明这旧社会之必然的崩溃。崇祯十六年（1643）秋冬之间，外寇内乱已经到了亟亟不可终日的地步，在同一国家同一祸福的江南，却仍踵事增华，作升平之歌舞。《启祯记闻录》三：“七月二十五日，枫桥有好事者敛银于粮食行中，以为赛会之资，风闻从来未有之盛……衿绅士庶男女老幼，顷城罢市，肩舆舟楫之价，皆倍于常，通国若狂。”次年三月十九日北京政府颠覆，得到国变消息后的吴江，竟举行从来未有之盛会。同书记：“四月初二日吴江赛会，目睹者云富丽异常，为郡中从来所未有。是时北都不祥之说已竞传，民间犹为此举，可见人无忧国之心！”这不是偶然的！

（原载《大公报·史地周刊》第五、六期，1934年10月19日、26日）